在婚姻中修行

马熙媛——著

CFP 中国电影出版社

图书在版编目（CIP）数据

在婚姻中修行 / 马熙媛 著 . —北京：中国电影出版社 . 2018.8

ISBN 978-7-106-04965-2

Ⅰ . ①在… Ⅱ . ①马… Ⅲ . ①婚姻 – 通俗读物 Ⅳ . ① C913.13-49

中国版本图书馆 CIP 数据核字（2018）第 189080 号

责任编辑：纵华跃
封面设计：闫江文化
版式设计：北京正尔图文设计有限公司
责任校对：杜芸曦
责任印制：孙 杉

在婚姻中修行
马熙媛 著

出版发行：中国电影出版社（北京北三环东路 22 号）邮编 100013
电话：64296664（总编室） 64216278（发行部）
64296742（读者服务部）
E-mail:cfpygb@126.com
经　　销：新华书店
印　　刷：天津中印联印务有限公司
版　　次：2018 年 10 月第 1 版　　2018 年 10 月第 1 次印刷
规　　格：开本 / 710 毫米 × 1000 毫米　1/16
印张 / 13　字数 /170 千字

书　　号：ISBN 978-7-106-04965-2/C · 0013
定　　价：48.00 元

前言

婚姻是什么？“执子之手，与子偕老”是我们对婚姻的美好期待和祝福。然而，现实并不是这样的，“婚姻是一座围城，城外的人想进去，城里的人想出来”。因为有些人从步入婚姻殿堂的那一刻开始，婚姻便不再是爱情的继续，而成了爱情的坟墓。

生活中，我们不止一次听到这样的抱怨：“谈恋爱时他明明不是这样的。以前，他每天一下班就坐一个小时地铁，从城市的那一头，坐到城市的这一头，不辞辛苦地跑来见我一面。”“谈恋爱时，我想要什么他都尽量满足我。”“结婚之前，他脾气好、温柔，哄我开心，陪我看电影”……

可是，结婚之后我们口中的这个“他”就完全变了样子：“一天到晚都是忙工作，一回到家就是捣鼓他的游戏机、电脑，正眼都不瞧我一眼，甚至甜言蜜语能省都省了，逛街、看电影就更别提了。”

理想总是很丰满，现实却总是很骨感。很多人步入婚姻，突然发现曾经的甜言蜜语、相濡以沫被残酷的现实洗刷干净了。于是，很多人开始抱怨、斥责，甚至貌合神离、同床异梦……而那些终究没有走出婚姻磨合期的人，则选择了以离婚来告别彼此的怨恨和伤害。

正如莎士比亚所说的：“不如意的婚姻就好比是座地狱，一辈子鸡争鹅斗，不得安生；相反的，选到一个称心如意的配偶，就能百年和谐，幸福无穷。”遇上面这种情况，想必我们也很无奈，谁不想和另一半安稳过日子？但是没有一个人天生就是好妻子或者好丈夫，要想婚姻幸福，仅仅凭着甜言蜜语还远远不够，需要两个人的同时修行。

婚姻是一场修行，好的婚姻是两个人的修行。婚姻和恋爱毕竟不是一回事。恋爱更多依靠的是激情，而婚姻则是一项长跑。

在这条长长的修行道路上，需要用心呵护。两个原本陌生的人，因相爱而结婚，然而当所有激情都已经退却，当甜言蜜语、温馨、诱人的浪漫色彩在爱情中褪去，婚姻也开始归于平淡。一旦婚姻缺乏爱情的滋润，婚姻的解体也就为时不远了。

婚姻是一场修行，经营婚姻更是一门很大的学问。幸福的婚姻，不仅要经得起柴米油盐的考验，更需要双方的爱，需要对彼此的包容、理解、体谅等，只有这样，在婚姻的道路上，两个人才能携手越走越远，越走越和谐，婚姻生活才会越来越幸福。

目录

在婚姻中修行

第一章

一起觉悟：在婚姻中完善和超越自我

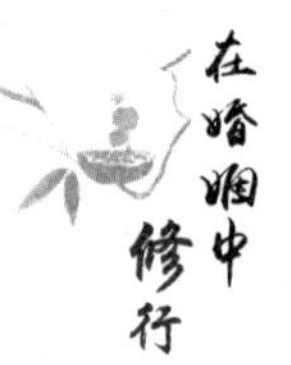

夫妻白头偕老的秘密

爱有许多种，但是文坛大师钱钟书和夫人杨绛的爱情却让人记忆深刻，不仅经得起爱情的跌宕，而且守得住岁月的平淡。他们都拥有倾世的才华，在精神和情感上达到了空前的默契，在为人方面又都给后世做出了很好的榜样。

对于自己的妻子，钱钟书曾经说过这样一段话："我在见到她之前，从没有想过结婚；我与她结婚数十载，从未后悔娶她，也未想过要娶另一个人。"从这段话里我们可以体会到，爱情是两个灵魂的共舞，爱情是除了你之外，其他人都是将就，而我不愿将就。钱钟书对杨绛的爱情是深沉而专一的。

杨绛原名杨季康，出身于一个书香门第，和钱钟书是老乡。她的姑母杨荫榆曾任北京女子师范大学校长，是民国时期的风云人物。杨绛父亲杨荫杭早年时期参加革命，后来倾向于君主立宪制度，受过良好的教育，先在日本早稻田大学留学，后来又到美国宾夕法尼亚大学留学，归国之后成了一名律师，也曾担任法官及检察长等要职。

出身于书香门第的杨绛拥有与生俱来的气质，她面容温婉，性格温和有礼，喜欢读书，连父亲也是不吝夸奖，说她是天生的大家闺秀。1932 年，她北上在清华大学做一名借读生，研究外国语文学。也是这样的决定，让她遇见了生命中的爱情。

那年春天，风和日丽，钱钟书与杨绛相遇在清华大学的古月堂门口。

钱钟书当时穿着普通的青布大褂，脚上穿一双毛布底鞋，戴着一副老式眼镜，目光炯炯有神，行为儒雅有礼，谈吐幽默，满身浸润着学者气质。而杨绛长得比较娇小，温婉中透着活泼。两人的父亲在老家无锡又都是名流之士，在同样的阶层、相似的环境下成长的两个人一见如故，彼此会谈家乡，会谈文学。他们都是文学爱好者，默契的心灵交融、性格上的彼此吸引，让他们一见钟情。

钱钟书25岁时和杨绛结为连理，相濡以沫同舟共济63载。钱钟书说：咱们只有死别，再无生离。杨绛说：我一生是钱钟书生命中的杨绛。他们是伉俪情深的夫妻，更是志同道合的朋友，有时候也像情人。

且让我们追随钱钟书与杨绛二位先生的故事，体会一下他们白头偕老婚姻的原因：

1. 一生的无条件承诺

什么是婚姻？这个问题很多人都问过。不少作家都曾给了一个定义。心理学家韦恩·奥茨说过："婚姻是彼此担当的爱的承诺；是由悔改和宽恕构筑的二人世界。"心理学家大卫·奥格斯伯格说过这样一句话："婚姻远不止是相爱之人的个人行为，或合同双方的公开举动。"

婚姻不仅仅是一张不可缺少、具有法律与社会约束力的纸，还是一个誓约。步入婚姻殿堂的两个人都要遵守它，不是因为他们都受到了法律约束，也不是因为他们担心受到法律制裁，而是因为他们内心深处无条件地缔结了誓约。

2. 志同道合，志趣相投

相似的品性格局是彼此相恋相守的纽带。在岁月平淡的婚姻里，假如没有共同的兴趣爱好及精神追求，夫妻双方一定要经历很多的磨合和隐忍，最终也许还会落得分道扬镳的结局。

我的一个同学，他太太平日素爱流连牌桌，而我这个同学则热衷摄影与骑行。他们相识之初也是情投意合的眷侣，但是却因为兴趣大相径庭，又不懂得彼此谦让和调和，在婚姻中背道而驰，渐行渐远，不得已而离婚。他太太与牌友另组家庭，我同学找了一位喜爱旅行的女子共同生活。

3. 乐于付出，甘于奉献

为了伴侣及家庭，夫妻彼此都要甘愿挑战自己没有接触的领域，扛起生活赋予的重担，不仅仅要做有学识有风骨的才子佳人，更要做现实生活中的恩爱夫妻。

在婚姻中一味地索取是不可取的，只有乐于付出，婚姻之树才能四季常青。甘心情愿地给予，从来不会成为彼此心上的负担，只会甘之如饴，细水长流。

4. 信守彼此的承诺，不食言

婚约既然是一种必须要履行的责任，那它意味着什么？婚约是一种公开的海誓山盟，是不论遇见什么艰难险阻都要履行的誓言。没错，结婚是要承担一部分风险的，但是婚姻也会使我们的人生变得更加圆满，说到底婚姻是一个值得我们冒的风险。

两个原本素不相识的人牵手步入婚姻殿堂，不论哪方都要做好准备。另一半也许会时不时地做出一些令你失望的举动，而你则需要学会包容，不要让事情成为你放弃夫妻关系的借口。这种感觉就像是“高空蹦极”，假如你玩过就会明白，只要我们从跳台上迈出那关键的一步，必然坠落。那一瞬间，根本容不得我们犹豫片刻或有改变主意的想法，后悔都来不及。

一位长者曾对孙女说过她婚姻持久的秘诀：“我和你爷爷之间有个承诺，对婚姻也有个共同的承诺，就算我们彼此之间的承诺快要土崩瓦解了，对婚姻的那份承诺依旧会把我们维系在一起。”

5. 齐头并进，一起进步

我们都想要觅得一个足够优秀足够美好的恋人或爱侣，可是我们自己是不是足够匹配那份美满姻缘呢？特别是如今还未嫁人的姑娘们，内心都有一个梦想，就是有一天自己的意中人会骑着白马或踩着七色云彩来到自己身边，但是姑娘，你自己是否是一个美丽的公主或者一个可爱的灰姑娘？如果你不是，为何要对他人高要求？

6. 不离不弃，舍我其谁

俗话说："夫妻本是同林鸟，大难临头各自飞。"可是钱钟书和杨绛先生的经历让我们感受到患难见真情，感受到什么叫作守得云开见月明。

所谓夫妻同心，其利断金。既然有缘成为灵魂伴侣，生死都可以共赴，尘世中还有什么难关跨不过去？在纷繁的尘世间，相依相守的两个人彼此之间相互珍惜，迎难而上，荣辱与共，自然会收获欢欣与甜蜜，理所应当获得生活的福报。婚姻的真谛就是，携手走过人生最艰难的岁月。

2008年3月的一天，我爱人由于平时工作劳累，得了严重的胃病，导致胃穿孔。签字准备做手术的那一刻，我的手是软的：大儿子未成人，小女儿尚未出世（怀孕8个月），这个家让男人倾尽了心血，如今他倒下了，家就塌了。我在心里默默地祈祷他平安，可是时间好像凝固一样。几个小时过去了，爱人终于从手术室出来，手术很顺利。在康复期间，我更加体验到"伴"的力量。爱人不在身边，我就如同缺了手、脚乃至大脑。经历过这次体验，让我更加明白：夫妻是身心相依相伴的一个整体，不可分割也不能分割，因为有爱！

人们都说人生很长，其实也就是白驹过隙之间，钱钟书和杨绛先生的深情让我们确信：执子之手，与子偕老。婚姻的道路上，相依相伴的两人，必须要有勇气也要有信念更要有责任与担当。婚姻是座围城，城外的人想进去，城内的人想出去，只有用一世的情缘，才能诠释婚恋的美满和幸福。

用尊重获得爱，用爱获得尊重

有人说：“一个没有自尊的人，也很难得到别人的尊重。”这确实是条真理。

自尊是一个女人的身价，没有自尊的女人，想要得到男人的尊重，想让男人瞧得起她，简直比登天还难。因为女人从失去自尊的那一刻开始，人格与尊严就已经和她一起贬值了。

每个人都需要自己尊重自己，女人也不例外。作为一个女人，必须学会尊重自己，这是一个女人有修养的外在表现。连自己都不尊重女人，有什么修养可言？一个不懂得尊重自己的女人，别人怎么会尊重你？同样，你也没有资格得到别人的尊重。

好朋友菲菲从北京参加培训回来，发现丈夫与他的初恋女友同居。菲菲见过那个女人，长得非常漂亮，比自己能说，也比自己工作能力强，比来比去，觉得自己什么都不如她。菲菲非常担心丈夫会提出离婚，与他的初恋女友结合。为了不与丈夫发生争吵，菲菲对丈夫承诺：“我爱你，我可以允许你脚踏两只船，与她来往，我也可以与她共同分享你。”

可是，菲菲的软弱与迁就并没有感动丈夫，他反而开始变本加厉地伤害她。他不再每天按时回家吃饭、睡觉，一下班就往初恋女友那里跑，在她那里吃，在她那里睡。菲菲每天都打电话发微信求他回来，可他装作看不到，不理睬菲菲的感受和心情。

菲菲快要崩溃了，她放出狠话来："假如你今天再不回来，我就不活了，我死了你就是凶手。"丈夫被菲菲的话吓到，就回来了。

菲菲看到丈夫回来，像是抓住了千载难逢的机会，可怜巴巴地跪在他面前，乞求他："不要抛下我，行不行？我真的很爱你。"听了这话，丈夫面无表情地说："你看看你现在像什么样子，你的自尊呢？你的骄傲呢？如若你果断地放手，我还瞧得起你。你现在不觉得丢脸吗？连一点尊严都不为自己留。"

菲菲不顾这些，依旧像个孩子一样不停地哭闹，希望丈夫可以可怜她，回心转意。但是丈夫却十分坚决："我们分手吧。我不喜欢你了，像你这样没有自尊的女人，我不稀罕。"

菲菲无语，跪也跪了，哭也哭了，求也求了，为了爱把自己的尊严都搭进去了，也没有保住自己的婚姻。

像菲菲这样连自尊都不顾及的女人，丈夫会好好珍惜她吗？换成另一个人，也许结果也是一样的。如若对自己不恰当或不合适的行为不感到惭愧，不会难为情，用一个感情色彩很重的词来形容就是不知羞耻，这样的女人永远不会得到别人的尊重。

在婚姻中，我们大多会舍弃一些东西，但是绝不可能丧失自己的人格，更不能做有损尊严的事。女人如果在婚姻中失去自尊，那么就只能够祈求丈夫的同情与怜悯了。

爱情中，假如一方没有了自尊，在感情的天平上就容易失去自我、平等、自由或尊重。在这种状态中，当懦弱与愤怒变成一种习惯，谁又能来拯救那已经变质的爱情与婚姻？在感情的世界中，无论任何情况，就算你一无所有，但是千万不要放弃自尊心，因为它能够让你获得自我、尊重与爱。

不要担心失去爱，因为真正的爱情是不用你牺牲自己的尊严来维持的，更不应该用懦弱来膨胀另一方。任何伤害都是有迹可循的，当放纵的感情没有障碍时，这种没有建立在平等关系上的爱情还可以持续多久？

每个人都是独立地生存在这个世界上的，拥有自己独立的思想与感情，获得幸福是每个人都具有的权利，而幸福的生活是靠自己来书写的。真实地表达你的感情、你的需要，你所能够承受的最低限度，不论在任何糟糕的情况下，都能成为对方永远珍爱的人。

一位婚恋专家曾说过这样一句话，他说：女人在结婚之前，就要把自己培养成一棵“树”——双木才能成“林”，一人一木只会成“休”，不是被自己“休”，就是被老公“休”。只有成“林”了，根基才会稳固，枝叶才会茂盛……专家口中的这棵“树”指的是什么呢？其实就是尊重，尊重自己，尊重彼此之间的感情。

著名小说家小仲马说：“女人有时候会容许别人欺骗她们的爱情，却从来不容许伤害她们的自尊心。”一个女人不论把家庭及婚姻看得多重要，也不能为了维持完整的家庭及婚姻而丢掉自尊心。只有尊重自己，才能够得到尊重，得到丈夫的爱。假如自己丢掉了尊严，简直就是放弃了做人的准则。

我们所熟知的世界名著《简·爱》中就描述了懂得维护自尊的女人——简·爱。

简·爱长相普通，性格倔强，父母离世后被安排住进了舅舅家。这种在人屋檐下仰人鼻息的生活使她受了很多苦，尝尽了白眼与歧视。大病一场之后的简·爱，被舅妈送进了洛伍德慈善学校。在那里，简·爱逐渐成长为一个内心柔软、拥有渊博知识，但是却具有叛逆精神的女性。毕业两年后，她在特恩费德庄园找到了一份家庭教师工作，并与庄园主罗切斯特慢慢地找到了爱的感觉。

简·爱在那个时代阶级地位不高，甚至有些贫穷，但是她却有着一颗高贵的自尊心。她知道他们之间的身份十分悬殊，但是当着罗切斯特的面，简·爱毅然喊出了自己爱的宣言：“你以为，我因为贫穷、低微、相貌平平、矮小，我就没有灵魂，也没有心吗？你想错了。我的灵魂跟你一样，我的心也跟你的完全一样。”

这句直到现在也备受人们推崇的经典话语，不仅让简·爱赢得了属于自己的

真爱，也使人们不由得去正视她，去尊重她。

爱情与婚姻需要靠两个人一起来维系，就算两个人关系再亲密，也要在爱情与婚姻中保持独立的人格与自尊。因为只有你真真正正做到自尊、自爱，才能换来爱人的尊重与爱护，唯有如此才会获得长久的幸福。

我从来都没有把一份婚姻当作固定的保险，与爱人结婚后，也没停止过工作。历经 25 年，我们两人共同打造了一个近 3000 平方米的家电商场。说实话，那些年都不知怎么过的：每天很早就起床，收账、进货、接待顾客、结账……每天都很忙，甚至都会忘记吃饭。可是，等到晚上收工、回家陪伴孩子（当时还没有小女儿），又感觉特充实；觉得女人有自己的一份事业，很有价值。在工作中，找到方向，做到自尊自爱，恐怕也是既简单又不容易的事吧！

在婚姻中完善自身

她与他是大学同窗，相爱多年，毕业后终于走进了婚姻殿堂。

婚后第一年，他们过得非常幸福。但是一年之后，她发现他不像从前那样准时回家了。他经常为自己的晚归找借口。她凭着女人的直觉隐约感觉到了什么，伤心之后，她知道摆在自己面前的将是一场争夺老公的战争。从那一天开始，她便开始注重自己的仪表，工作也变得十分勤奋。不仅如此，她还把自己为了家庭而放弃了很久的爱好逐渐拣了起来。

一年之后，她变得气质高雅，不仅被公司升了职，还积极筹备自己的个人画展。在画展的那一天，他的“小三”也混在人群中。小三看着他为妻子奔波忙碌的身影，有些失落。他指责小三不该来。她看见了他们，大大方方地走过来，温和有礼地说：欢迎你。我知道你是我丈夫的朋友，我是他的妻子，希望我们也可以成为好朋友。

故事的结局不用我说，相信大家也能猜到。如今的社会，这样的故事不算少。只是每个主角对当时的问题所采取的态度与措施不同罢了。在这里，我不想过多地评论谁是谁非，我只想说，假如在婚姻生活中一个人出轨了，一部分原因是出轨者的性格使然，另一部分是由受伤害一方的缺点所造成的。

金无足赤，人无完人。每个人都有自身的不足，但这并不重要。最重要的是，我们需要不断地发现自己的不足，不断地进行自我改进。否则，时间一久，感情就容易出现问题，使婚姻被动地进入背离状态。

不论做事还是做人，我们都要多看别人的优点及自己的缺点。只有这样，才能在这个多变的世界里处于不变的位置。故事里的女主角非常聪明，她用自己的智慧挽救了自己的婚姻。

去年有人问我：是不是因为你长得很漂亮，所以才对自己的婚姻如此自信？我说，不是。再美丽动人的女人，对于男人眼球的吸引也是短暂性的。长久的婚姻，靠的是脑子。

只有运用自己的聪明才智，才能把婚姻经营得完美。很多人都会犯这样的错误，尝试改变对方来达到婚姻的和谐。其实，这是一个不值得采取的方式。因为每个人都是独立的个体，每个人都不喜欢被人束缚。爱人就像手中沙子一样，把他（她）抓得越紧，他（她）挣脱得也会越厉害。相反，只有给彼此更多的空间，保持两个人独立的个性，才能保持彼此的新鲜感，反而有助于婚姻的长久安宁。

经营个体企业自然少不了应酬，起初爱人回家晚的时候，我经常跟他吵闹，两个人总是生气，相互赌气；后来一想，都是为了这个家，为什么偏要看住他？这不是对自己没自信吗？想通后，我就不管了，安心陪伴儿女，给他们讲故事，安抚他们睡觉；之后，自己看一些激励女性成长的书籍，听听自己喜欢的轻音乐，准备第二天的工作……过了一段时间，我发现老公反而比之前回来得早了，应酬能不去就不去，多了时间陪我们娘仨。调整好状态后，我发现，岁月几乎没在自己身上留下什么痕迹。一次，一个不太了解情况的人问我爱人：“我看过你朋友圈的照片，上面有一个女孩、一个男孩，最小的是你孙女？”爱人无语，以至于后来我经常同他开玩笑叫他爸爸，或让孩子叫他爷爷。

我希望每个选择婚姻的朋友，都可以找到属于自己的长久幸福。因此，我们要不断地完善自身，具体来说可以从以下几方面努力。

1. 不要用理想中的标准来期望对方

有些女人总是把自己的爱人幻想得太过优秀，太过完美，在她们眼里爱人总是笼罩在一层理想的光芒之中。真正的问题，不是你的配偶是不是你的最佳人选，而是他是不是在努力成为你的最佳配偶。

最开始，夫妻两人都会满心欢喜地以为，对方与自己的行动、思想、感情都能保持一致。但是相处之后，就会发现事实并不是这样，那时他们便会觉得天像是塌了一般。惋惜失落的同时，千万不要忘记接受彼此性格、价值观、交流方式、性欲上的差异。最终，接受与调整可以缓解矛盾冲突。

婚姻中的暴风骤雨有很多种成因，可能源于你过去和父母一起生活的经历；也可能因为你对婚姻的太多理想化；还可能因为你目前不知道怎样培养及发展新的交流方式……但是不管什么原因，相信你都一定有能力克服这些障碍。

2. 在婚姻生活中要学会倾诉

夫妻关系是最亲密的，这已经是约定俗成的一种关系。彼此遇到麻烦的事情，应该寻求安慰，将自己的烦恼告诉对方。婚姻中，双方的精神支持最重要。家是一个温柔的港湾，也是为你遮风挡雨的地方，两个人彼此扶持才能真正获得幸福。

同时，在相处模式健康的家庭里，需要带一些浪漫的情怀营造家庭氛围，对生活做好调剂与补充。当然，婚姻质量的高低也取决于很多因素，比如性格、性爱等。但最重要的，是两个人的价值观、人生态度、追求等是不是一致。

其他都是表层表现，人生观才是最终决定两个人的婚姻家庭是否和谐的根本条件。在夫妻生活中，人生观不存在高低及正误的区别，只要两个人的人生观相近，两人便是幸福的。

3. 在婚姻中要学会沟通

夫妻之间最糟糕的情况就是没有办法沟通。不论任何一方将自己封闭起来，都无法实现彼此的交流。夫妻之间的沟通是婚姻维持下去的最基本方式，感情中即使是一点小事也会在双方的臆想里被盲目夸大，一旦小事不断地聚集，感情便会产生裂缝，导致婚姻逐渐走向灭亡。遇事保持冷静，相互沟通，多站在对方的立场来认识看待问题，相信你的婚姻就会变得更加和谐美满。

4. 接受并正视婚姻的现实

婚姻中，并不是不离婚将就着过就万事顺利了。许多婚姻都是有名无实的。正是因为目睹了非常多不尽如人意的婚姻，所以现代的许多年轻男女都开始恐婚或不婚。

其实，这根本就没必要。婚姻不是一个人的事，是两个人的合作。人生要有一个异性成为自己长久的合作者，彼此学习、取长补短。

我的一个学员，她和前夫是高中同学。他们两人经过三年的恋爱后结婚。起初两个人彼此相爱，生活得很幸福，可是随着时间的推移，现实生活中的美好不复存在，经常吵架，后来陷入冷战，再后来男人有了外遇，最终离婚。离婚时，两个人的心都已破碎甚至大打出手，惊动了公安局。明明比任何人都有理由相爱的两个人以这样的结局收场，一直到今天，女方还是单身。

婚姻其实也是一种人际关系，而我们知道的是，所有的人际关系都需要经过不断的调试。从某种意义上说，一个人和另外一个人要几十年相处一室，这可能是人类最精密也是最复杂的人际关系了。如果两个人可以用一种平和的心态来面对婚姻，婚姻自然而然便会更加轻松愉悦了。有了这样的认知，也许现代人会少一些对婚姻的悲观和恐惧了吧。

欣赏各自的优点，互相为对方点赞

前段时间，一篇题为《多少夫妻，耗尽一生做彼此的差评师》的文章在朋友圈被广泛推广热转。这篇文章中提到，如今很多夫妻的相处模式是，“非常擅长从真善美里寻找假恶丑，芝麻大的事儿都能够找到槽点，然后不停地叨叨叨”，在漫长的岁月里，硬生生地忽略了对方的优点，从最开始的平和欣赏变成后来的互看不顺眼、互相打击，用尽全部力气、耗尽一生做彼此的差评师。

看到这里，我们就一定会问一个问题：既然这样，当初的我嫁你娶是为了什么？朋友圈很多人都转发了这篇文章并表示：“直戳心口啊，泪奔。”“我要转给我家那位看一看。”……

很多夫妻，在恋爱时情意绵绵，恨不得戳碎屏幕为对方点上一个大大的赞。结婚几年后，却不自觉地启动了“差评模式”。有的人越活越充实，越活越年轻，满脸的胶原蛋白，自信满满，神采奕奕；有的人却像是霜打的茄子，整天精神不振，皮肤松弛，脸色蜡黄。

夫妻之间，不存在伟人，也不存在美人。夫妻之间曾经爱得没你活不下去并不稀奇，最难得的是，当激情消退之后，时光匆匆，依旧会为对方点赞，依旧觉得这一切都是命运最好的安排，这一切都是缘分。

我的学员L与P尽管是一男一女，但是他们有两个共同点：第一，他俩特别较真，总喜欢在真善美里找出假恶丑；第二，他们两人的伴侣气色都不好，L的老婆常年保养也掩盖不掉脸上的皱纹，脸色蜡黄；P的老公经常没精打采，精神

不济。

起初，我对此感到疑惑，直到跟这两对夫妻接触了几回，一切都变得清楚了。

L 非常喜欢叫朋友到自己家里吃饭，因为全职主妇的太太厨艺非常棒，西点与中餐都能带给人不一样的惊喜。L 太太洗碗时，我走到她身边赞叹："嫂子，你的菜烧得堪比米其林大厨啊！"她非常惊讶："嗯？真的吗？就是普普通通家常菜，L 从来没夸过做饭好吃。"我正想对她说一句"他这是身在福中不知福"之类的话，就听到L的声音响彻了整个客厅："宝宝的裤子怎么脏了这么大一块？"

我们从厨房里面出来，见到 L 家的宝宝裤子上染了很深的一块画画颜料。L 抱着宝宝抱怨："你整天待在家中，居然都没有发现，怎么当妈的！"L 太太非常隐忍，算是给足了老公面子，默默地拿出干净的裤子，给孩子换上。

我认真打量了一下这个体面的家庭，客厅舒适清洁，宝宝的玩具也是整整齐齐地放在储物箱里，饭菜可口又营养，心里不由赞叹：整个屋子里的一切都是这个女人的耐心和爱心。可是，就是因为一条无关痛痒的脏裤子，便让 L 把太太一切优点一笔勾销，换来一个巨大的差评。

这样的日子里，女人如何美丽动人、扬眉吐气、精神焕发？

P 的老公是一个十分有礼貌的暖男，爱岗敬业还非常顾家，就是有一点——路盲。有一次，我搭他们的顺风车去一家不经常去的酒店，算是亲身体验了一把什么叫作"悲惨世界"。

P 从出发的那一刻开始就在抱怨，还引申到前几天的矛盾中，痛斥了整整一路："你没长眼睛啊，刚才明明该下高速的。""那里是单行道，你是打算拐进去吗？""那个人冲我们按喇叭，我们赶紧按回去，超过他。""你是我见过的开车最胆小的人。"可是，即使是这样，P 也不让老公安装 GPS，说是觉得导航声音太闹腾。

一到目的地，我便飞快地跳下了车，并向 P 夫妻两人致谢。我看到 P 的老公为了礼貌，硬生生地从几乎要得抑郁症的脸上挤出了一个勉强的微笑。在这样的指责中，男人如何能够自信得起来呢？

世界很大，但是我们终日需要面对的都是枕边那个平凡却温暖的人。

别人眼中的女神，有时候也不过是披着睡衣、头发随便一扎的妇女；外人眼中的男神，也会蹲在厕所里“脚跨长江两岸，手中握着重要文件”，一边抽烟一边使劲。

我们不表扬不鼓励需要携手走过漫漫人生的伙伴，每天只是批评打击，那么当初我嫁给你、娶了你为的是什么？难道就是打算用自己的一辈子，找一个终身的差评师每日挑毛病、闹情绪？活到一定岁数，该明白的大道理早已经搞清楚，并不需要总在身边耳提面命唱对台戏的丈夫或妻子。

之前我与爱人共同参加过一个国外心灵情感大师的课。课程现场，老师让夫妻二人双目对视，说出对方在你心目中的五个优点。我在脑海里搜寻平时爱人的言与行，找到了平时不太说出口的赞美话，如：做事守信用、对家人细心、宽厚、善良。听了我的话，爱人的眼神一下亮起来，并且特别温柔与兴奋。轮到爱人讲我的优点时，没想到他说的都是平时我不太在意的特点。我那时才发现，在爱人心里我有那么重要。说着说着，我们两个人都流下了泪水，后来还拥抱在一起，感受彼此的相依相伴。由此可以看到，只找出对方的几个优点就会具有如此大的魅力，在今后所有的生活中做彼此的优评师又会怎样？

被爱着与被赞美的人，信心是不同的。民国著名的“点赞师”胡适，娶了一个不大识字的小脚老婆江冬秀，但是胡适从没有挑剔或责备过自己的老婆。非但如此，他还经常鼓励自己的太太“勿恤人言”，鼓励她开始“放脚”。在胡适的循循诱导下，他的太太开始学习文化，看一些古典的小说，《红楼梦》里丫鬟的名字她都能如数家珍。

胡适晚年时被困孤岛，依旧不失幽默性格，偶然看到一块纪念币上刻有P.T.T的字样，便说这是“怕太太”（首字拼音PTT）协会发行的，

还编出了一系列新“三从四得”：太太出门需跟着，太太花钱需舍得……自封为“P.T.T 协会”的会员之一。

这一辈子，胡太太被胡适哄得开心快乐，她更是把胡大师照顾得十分妥帖。

一对男女，相遇就已经非常有缘，钟情便更加不容易，费尽周折走在一起，结为夫妻，那真是占尽了天时地利。年轻时候的爱情，蚕茧一般丝丝缠绕，浓情蜜意，不停地为对方点赞，像是停不下来；中年时，却好像飞蛾破蛹，懒洋洋、灰扑扑，可以少给对方差评，已经不容易了。

大多数人，结婚不到七年时就痒了，走到半路已经变成了陌路。当年爱他操场上奔跑的样子、飞扬的个性，如今，却对闺蜜新换的豪宅情有独钟，于是他的不羁变成了没有能力、吊儿郎当、不负责任，每天必是三番五次地唠叨控诉；曾经钟情她的真诚善良，如今却喜欢回眸一笑百媚生的风情，于是她的淳朴则变成了无趣木讷，连抬眼打量都觉得污眼。

每个甜蜜的女子背后，都有一个宽厚男子的无声扶助；每个圆满的男人身边，也少不了一个宽容大度女子的默默支持。欣赏各自的优点，互相为对方点赞，婚姻必定完美。

把另一半建设成一座宝库，而不是打击成一个垃圾场

英国剧作家莎士比亚曾说："赞美是照在人心灵上的阳光。"假如把这道阳光照在自己爱人的心上，那他的心中也必然会是阳光灿烂，他必然会对你另眼相看。

赞美是夫妻情感的催化剂，有了赞美，婚姻必然会是一片生机。文学大师马克·吐温曾经风趣地说："靠一句美好的赞扬我能活上两个月。"赞美为什么会有如此大的能量？因为通过赞美，对方可以感受到欣赏与尊重，可以享受到肯定、成功与愉快，精神面貌自然就会像芝麻开花一样，充满盎然的生机与青春的活力。

赞赏，就像是一支点石成金的神笔一样，可以发掘出对方自己都没有意识到的潜能和才华，把另一半建设成一座无与伦比的宝库，而不是打击成一个垃圾场。

我的一个学员雨婷的丈夫是一家科研所的研究员。按道理讲，这是一个体面的、让很多人都羡慕的职业，可是雨婷总是在大众面前数落丈夫的不是："满屋子都是你的书，书能当饭吃？""你不知道，他有一天心血来潮，说是要修理家里那个没声音的电视机，结果呢？修了一天，电视不仅没声了，连图像也没有了。""难得下一回厨房，炒出的鸡蛋是煳的，烧出的饭也是煳的……"

旁人在一边哈哈大笑，雨婷越说越有劲，将丈夫的缺点及失态展现无遗。从此之后，雨婷丈夫在别人的心目中便不再是一个人人羡慕的对象，而成了一个人

人取笑的对象。她丈夫知道后情绪越来越低落，感觉做什么都做不好，什么也不愿意去做，陷入了情绪的黑洞。

同样是我的学员，聪聪就截然不同。

聪聪的丈夫几年前在一个十字路口卖报纸，他发现经销书籍非常有发展前景，就开了一家书店。果不其然，生意做得很红火。

面对别人的称赞，聪聪总是自豪地说："以前，我真不清楚他会这么能干。其实，他之前只是没有找到一个机遇发展自己才华。现在可好了，他取得了一定成就。我真是佩服他掌握行情的能力，对读者的需求也把握得很好，进的书也销路不错，总是供不应求……"

聪聪的夸奖，在大家的心中树立了她丈夫的良好形象，也激励丈夫把书店生意越做越大。

作为一个聪明的妻子，就要给丈夫多一点夸奖，让丈夫享受到阳光般的温暖。

每个男人都有自己成功的一面，只是没有反映在事业上罢了。在任何时候，妻子的夸奖都是对丈夫最有效的激励。聪聪对丈夫进行了真诚的夸奖，使他有了成就感，从而形成了对丈夫的有效激励，这是一种无形的力量，促使他变得更加努力。而雨婷的失败就是因为她对丈夫采取了指责、嘲讽、批评的做法，不仅影响到了丈夫在外人眼中的形象，令他感到难堪，更影响到了丈夫的意志，让丈夫变得消沉，不思进取。

学员品如的丈夫之前不胖，结婚几年之后，人就像是吃了激素一样胖了两圈，一进门看不见脸，只能看见一个圆滚滚的肚子。品如总打击他说："你看看自己，上秤的话体重表估计都得崩了。""这肚子比那怀了四个月的孕妇的肚子都大。"他总是以牙还牙："我愿意，我吃了那么多好东西才慢慢养起来的，你想长还长不起来呢。"品如气得无言以对。

有一段时间，他陪几个朋友一起去健身，虽然只有两个星期，但的确瘦了一些，肌肉也逐渐有点形了。品如夸他："瘦多了，肚子也小了，恢复了原来的帅气，再练几个星期，就快赶上健美运动员了。”妻子的话说得他心里美滋滋的，于是他也办了一张健身卡，一直坚持锻炼，并且搭配合理的饮食。

品如总是不厌其烦地夸奖他：“你今天好像又瘦了。”“老公，你身材太棒了。”没想到，就在这一夸奖下，他便真的瘦下来了。

夸奖是人类的一种十分正常的心理需要。在众多的心理需要中，被他人尊重及表现自己是非常重要的两种需要。一个心理健全的人，受到他人重视或尊敬时，便会产生一种满足感、欣慰感及幸福感，有时候比获得物质的满足还要快乐。夫妻之间更是这样。

一个赞许的眼神、一个会心的微笑，都可以表达出自己对爱人的赞扬或奖励。也可以用一碗香茶、一杯美酒、一次牵手、一次亲吻或亲自烹调几个爱人喜欢的菜肴，作为对爱人的最高奖赏。夸奖不仅是生活的甜点，更是婚姻关系的黏合剂。

几乎人人都喜欢被他人夸赞。你喜欢朋友的赞美吗？当朋友赞美你时，你感觉怎样？假如我没有想错的话，你喜欢他人的赞美，并且当你获得真诚赞美时心里会像抹了蜜一样甜丝丝。

婚姻中的双方彼此之间相互赞美，不仅丈夫要赞美自己的妻子，妻子也要懂得赞美自己的丈夫。假如想拥有幸福的家庭及美满的婚姻，就在生活中赞美一下你的爱人吧。小小的赞美也可以使你的婚姻之树生机勃勃、充满活力。

赞美可以产生一种非常有效而不可思议的力量。把丈夫作为一个值得赞美的对象，那他就会慢慢地接近我们脑海中的样子。比如：

当你赞美丈夫有能力时，他就会变得更加有能力；

当你赞美丈夫有责任感时，他就会变得更加有责任感；

当你赞美丈夫对家庭的付出与贡献时，他就会变得更加愿意为家庭付出做贡献；

当你赞美丈夫身强体壮时，他就会觉得自己越来越强壮；

当你赞美丈夫穿上某件衣服非常帅气时，他整天都会觉得全世界自己最帅、心中充满阳光……

总之，当你赞美丈夫身上的某个非常优秀的地方时，他就会把那个优点慢慢变得更强。

记住，不论一个男人长得如何，能力如何，事业是不是成功，挣钱多还是少，他都希望自己在太太那里是最棒的，是别人都比不了的。因此，请给自己的丈夫多一些赞美吧。

相信，你的赞美越多，爱人就会变得越优秀；你的赞美越多，你们的感情也越深厚；你的赞美越多，你们的婚姻生命力也就越顽强。

智慧的女人能“抬高”丈夫

聪明的女人懂得“捧”着自己的丈夫，堂堂七尺男儿为什么需要一个女子“捧”呢？

男人之所以要“捧”，这是因为男人都有一个致命的弱点就是好“面子”。在大庭广众之下，你需要给他拿着外套；在你父母家或他父母家，你需要给他倒水，什么事情都需要征求他的意见。在外面你必须要给足他面子，适当地捧一捧他，回到家里他便什么都听你的。

男人之所以要“捧”，是因为男人的自尊心非常强。对于他们来说，最忌讳听到的就是你痛斥他的无能及嘲讽他的身材。特别是如果他只有武大郎的身高，你却偏偏要分出一个残疾的等级，他的自尊心受到伤害往往会怒不可遏。

男人之所以需要“捧”，还是由于他们的大男子主义作祟。男人永远都希望自己是女人心中的神，要让一个男人意志消沉、一蹶不振，你就可以说他无能，后果只有两种情况：要么从此变成一只缩头乌龟、做一个装在套子里的人，要么在万念俱灰的情况下找寻另一个能让他可以燃起希望的女人。

男人之所以要“捧”，是因为他们也会有失落，难过了也会痛哭。在传统观念中，女人总是被冠以“弱者”的名字。女人是非常脆弱的，有许多眼泪，因此会说女人是水做的，女人是需要被人宠、被人关怀的，不然这美丽的花朵则会容易凋谢。

其实，人们往往忽略了男人表面理性、内里感性的特点，男人同样也有脆弱的时候。假如说女人是一朵花，男人就是绿叶，花朵和绿叶都需要用水来浇灌。

学员墨墨是一个非常普通的女孩子，在报社担任助理编辑职务，尽管穿衣打扮非常新潮，但不能算作一个美女。就是这样一个女子，爱情生活却非常美满。

老公小陈和她是在大学时候认识的，小陈非常踏实，在大三开始就帮一个大型集团做项目。毕业之后，直接进入集团的沈阳分公司工作，仅用了两年时间便被提拔为产品研发部经理，收入算是同龄人中的佼佼者。

老公非常宠她，每次外出公干，都要给墨墨买许多漂亮的服装及女人们喜欢的小饰品。只要休息在家时，他都会尽量陪着墨墨，并主动分担一些家务。

墨墨表示："我老公简直是完美无缺的，尽管别人不这么认为，他自己也不这样认为。"

墨墨的老公确实不算完美，打扮比较中规中矩，戴着一副厚厚的眼镜，严谨有余，潇洒不足。"我和他结婚也有几年了，我了解到他总是把自己想得太低。"她说，"他继续这样下去不行，我可不愿意让我的孩子有个懦弱的父亲。因此，从大学时代开始，我就总是委婉地吹捧他，变着法儿地说些甜言蜜语，我就不信他不爱听。你现在知道为什么他的业绩那么好，进步那么快了吧，嘿嘿，这是因为家里有我这么个激励大师呢！"

当老公在事业上停滞不前时，你可以赞美他有潜力或发展空间，他就会逐渐发现自己的能力；假如他是一个不关心家事的懒人，就可以把他为家里做的一些不起眼的小事，大加表扬，夸他是可以给老婆带来幸福的新型好男人。用热情的称赞，把老公打造成期望中的样子。

在婚姻生活中，有个十分有趣的现象：男人们对自己的评价大部分都来自妻子对他的看法。给丈夫充分信任，即使你的信任明面上看起来有些过火，但只要是信任就能够激励他不懈地朝更好的方向努力，同时唤醒他对你本能的温存。这个时候，你就会相信，自己最初决定嫁给这个男人是多么正确的一个决定，他也会给予你更多的快乐与宠爱。

一个"捧"字，蕴含了非常多的哲理。多捧捧自己的男人，一定会捧出一个优秀的男人，捧出一段美满幸福的婚姻。当然，“捧”也是讲究技巧的。上来一顿乱夸，会让自己的男人觉得莫名其妙。

1. 给老公留面子

不要在大庭广众之下呵斥自己的男人；在婆婆家要主动给他倒水……在外面要给足他面子，回到家里他才会感激你的这份理解。

2. 尊重他的兴趣爱好

每个男人都有自己非常擅长的东西，女人要通过问问题，对老公的爱好表现出兴趣及赞赏。“最近健身效果真不错啊！”“今天是不是又赢几盘棋？”通常在这种情况下，男人的成就感便会被激发出来，对你自然也更加关爱。

3. 表扬他的好表现

认可他为你做的一些事情。他带你出去吃饭，你需要告诉他，饭菜真的非常好吃、环境真不错、你吃得非常开心。假如整个过程非常糟糕，你也可以说，能和他一起度过这一段时光，才是最重要、最快乐的。

4. 赞美他的幽默

假如男人与你分享一件他觉得十分有意思的事情，千万别表现得兴趣寡然，最好成全他的幽默，告诉他：你也觉得这件事挺有意思。

5. 夸奖他的能力

不管是事业上的一丁点小进步，还是床上功夫有多厉害，真心实意地表达你的称赞与感谢，都会让他更加有动力。今后不论在工作，还是“爱爱”时，他都会表现得更出色。

聪明的男人能“宠爱”妻子

女人是需要男人宠的。

男人假如懂得呵护自己的女人，不舍得让她受苦，不舍得让她为自己掉一滴眼泪，那么这个女人无疑是天底下最美丽的女人。

我们经常会在热恋的女人脸上看到一种名叫幸福的光芒，那种光芒是想掩盖也掩盖不住的，没办法伪装，只有被男人精心照顾精心呵护的女人才会有这种光芒。假如说女人是花，那么男人的呵护便是水，离开了水的滋润，再美丽的花看起来也会没有灵气。

电视剧《蜗居》中，苏淳曾如此评价海萍：“一个花季姑娘跟我走到现在，从鲜花盛开到现在的憔悴，虽然她脾气暴躁，但那不是她的错，是生活压力所迫，如果她出门有车回家有仆，会给我脸色看吗……”是的，苏淳说得非常有道理。假如海萍出门有车接送、回家有佣人使唤，她是没有工夫给苏淳脸色看的。或者说，苏淳如果好好地呵护海萍，经常夸奖她赞美她，帮她分担一些家庭上的活计，海萍还会因为邻居炒菜多用了她的几滴油而咄咄逼人、斤斤计较吗？

女人是需要被宠着的，男人不需要说太多，做就够了，把你的关心和呵护用行动来表示。

大鹏是我所有学员中最好的丈夫之一，他视妻如命，简直就是宠妻狂魔。大鹏的颜值与才华成正比，人长得十分帅气，可以说是温文尔雅、风度翩翩，并且还是上海一家知名公司的高管。

妻子小丽年轻时长得简直倾国倾城，第一眼看上去就给人一种清新脱俗的感觉，两个人可以说是郎才女貌、十分登对，让许多朋友都非常羡慕。

小丽年轻时，工作能力很强，事业非常优秀，后来因为结婚生子便把事业耽搁了。小丽的脾气见长，在家里时常发脾气，但是大鹏从来就没有嫌弃过，只是一味地宠着她。小丽一发脾气，大鹏便会想方设法逗她开心。

小丽平时在家不喜欢化妆，尽管容貌不如以前标致，但是大鹏经常对她说："你不化妆的样子才是最动人的。"听到老公这么说，小丽乐开了花。

小丽的厨艺不是非常好，尽管这样，当她在厨房里一通忙碌，把热气腾腾的饭菜端上桌时，大鹏都会对她夸奖一番，不管当天烧的菜是不是像放了二斤盐。

有一句话是这么说的：女人结婚以后变成什么样子，完全是男人打造出来的；你给她什么样的生活，就塑造出什么样的女人。

被男人宠着的女人，不论什么时候看起来都会是光鲜亮丽、光彩照人的，这样的女人像是月光下的湖水，更像是静静绽放的花朵，浑身上下都透着一股醉人的清香。而懂得宠爱妻子的丈夫，才是真正聪明的丈夫，也唯有这样的男人，才能拥有一段幸福的婚姻。那么，作为一个聪明的丈夫，要怎样宠爱自己的妻子呢？

1. 多夸夸，主动欣赏妻子

任何人都喜欢被欣赏，女人更是如此，她们希望得到别人的欣赏，尤其是自己丈夫的欣赏。恰当时期的甜言蜜语，会让女人体验到无与伦比的开心和幸福。

妻子开心快乐，你和她在一起，自然也会同样开心快乐。

2. 多关注，多看妻子的优点

给妻子挂一块贤良温婉、爱家的招牌，妻子就会按照你所希望的招牌发展。假如你给她挂的是不顾家，她也许就变得不会顾家；假如你觉得她是个泼妇，她当然会用泼妇的方式来对待你。这是因为，人的情绪非常容易被旁人左右。现在，喜欢抓住爱人的缺点和过错不放，反复指责、讽刺，只可能毁掉自己的婚姻。

3. 多关怀，不要让妻子感到孤独寂寞

许多男人都认为满足了妻子的物质生活，就代表着最爱妻子，其实不然。你如果只给予了她物质方面的满足，欠缺了她的情感方面需要，可能会让问题更严重。

我们都说，女人是感情动物，之所以要与男人结合，除了延续从古至今的繁育后代任务，就是情感上需要彼此慰藉。

4. 多信任，给妻子活动空间

任何人都不想要过牢笼一样的生活，女人自然也如此。你对她信任，她才会对你守信用。你若不信任她，她自然也就不会对你忠诚。

5. 多支持，让妻子寻找自己的人生价值

不要让自己的妻子过分清闲，这样容易养成懒散的生活习惯。过分的清闲是一种烦恼，是疾病滋生的发源地；过分的清闲是打牌、出轨、吸毒、搬弄是非的生长土壤。男人千万不要认为妻子有吃有穿有用就可以了，这其实是最愚蠢的想法。

男人要有自己的事业，才能承担起家庭的责任；女人也要有自己的事业，事业可以让女人感到自己有价值。一个依赖丈夫才可以生活的女人，会没有安全感，

觉得这样得不到别人的尊重，在家庭中也没有地位，当然也就不会感到生活有价值有趣味；一个没有了人生目标的人，只懂得享受生活、无所事事，时间久了，便会产生心理疲劳，快乐也会离她们越来越远。

6. 衷心对待妻子和婚姻

情感专一，是夫妻双方的责任，只有男人在情感上专一，真心爱自己的妻子，妻子才会真心爱自己的丈夫。因此，如果想让妻子坚贞如一，男人首先就要衷心对待妻子。

7. 多包容，多帮助

包容是一种美好品质。夫妻相处之道，就是彼此包容、彼此帮助、彼此扶持。妻子需要包容丈夫的过失，丈夫也需要包容妻子的过失，所以包容是利人利己，男人要有这样的情怀。

8. 放得下过去，方能白头到老

女人大多有些小心眼，比较容易患得患失。“心宽才能容得人，水宽才能养得鱼”，夫妻之间难免会产生一些矛盾与误解，斤斤计较的男人是不会拥有幸福家庭的。

9. 多与妻子沟通，相互信任

沟通是联络夫妻感情最有效的方法，彼此信任才能和谐夫妻关系。男人对妻子无条件的信任，才能带给妻子安全感。

10. 多分享，多做家务事

男人力所能及地做点家务活，会让妻子感受到你的体贴和温情。千万不要下班一回家就坐在沙发上看电视、玩游戏，男人的任何一个援手都会让妻子感动万分。

他/她需要支持与信任，不需要指责与怀疑

无根据的猜疑是婚姻的大敌，它会让人自寻烦恼，甚至导致双方的感情破裂。猜疑，总是用某一假想目标作为出发点进行封闭性思考，这种思考是从假想目标开始的，最后也会回到假想目标上，就像是画一个圆圈，越画线条越粗，越画这个圆圈越圆。

为了给孩子创造一个更好的学习环境，我和爱人决定将孩子转到上海上小学，我的工作也迁到上海。刚来时，爱人每天都不知在忙什么，有时忙得经常很晚才回来。我怀疑他不好好做事，不停地唠叨，弄得两个人每天都吵来吵去。慢慢地我发现，爱人在新的环境里建立了受人信服的人脉圈，这些人都帮他介绍朋友和客户，渐渐地将自己的事业做得风生水起。我惭愧地对爱人说："老公，我误解你了。"爱人宽容地揽过我的肩，开玩笑说："我是打不死的小强，再说了老婆的意见就是圣旨，我会越挫越勇的。"

这件事告诉我们一个道理：婚姻最大的敌人不是其他，而是不信任。就算一个人敏感多疑，也必须得事先弄清楚原因再进行质问。

人们在走进围城时，都渴望自己的婚姻完美而持久。但是，现代人的婚姻却越来越像一件瓷器，虽然精美却十分脆弱，一不小心就会摔得粉碎。目睹破碎的婚姻越来越多，对婚姻也就越来越没有信心。对婚姻越没有信心，越容易导致一段婚姻的终结。那么，如何才能够得到幸福的婚姻呢？信任是婚姻幸福的前提。

夫妻之间缺少了最基本的信任，家庭的裂痕也将会随之出现。

一位女作家说过这样一句话："信任是心灵相通的桥梁，是家庭稳定的纽带，是化恶为善的基石。"因此，夫妻双方一定要彼此信任。

有一对结婚多年的夫妇，妻子与她的初恋情人一直有书信往来，丈夫尽管对此很吃醋，但从来都没有真正地干涉过妻子怀旧的情怀，他相信自己的妻子。

一次，丈夫无意中知道了妻子的这个初恋情人到本地出差，并邀请妻子到他下榻的宾馆里叙旧。丈夫便询问妻子，妻子如实相告，并征求丈夫的意见。丈夫叫妻子放心大胆地进去，并且亲自开车把她送到宾馆门口。她在初恋情人面前坦承了丈夫对自己的信任、理解及希望，二人也仅仅保持了一份比较纯真的友谊。

信任是一个人生活的基本态度，同样在一段关系中，我们也要信任自己的配偶是忠诚的、是爱自己的。信任，能够让你永远保持清醒的头脑，避免受外来因素的干扰和侵袭，同时也充分保障了婚姻的稳固与坚实。

试想，如果夫妻之间连最起码的信任都没有，何谈真爱？没有真爱的婚姻又如何会稳固？信任是基石，宽容是相处之道，猜疑只会损害夫妻的感情及婚姻。

在婚姻中，信任就像是一棵大树，需要你为它浇水施肥……需要你精心地照顾，才能越长越大。而你的努力能够收获的报答，就是爱情的花朵及幸福的果实。

一个学员对我说，她非常爱自己的丈夫，到了没他不能活的地步——她从不放开丈夫的手。除了上班时间，她一分钟也不愿意离开丈夫身边。她丈夫说："假如我在楼道里和邻居聊上 20 分钟，她就会出来拉我回家。我如果和其他女性说话超过 3 句，她就会哭上 3 个小时。"

我的朋友说："只要他的身影离开我的视线，我就会十分担心。我会想象他与别的女人在一起。假如他说找朋友一起去球场踢球，我会怀疑他是骗我。他说让我信任他，我也真的非常想要信任他，我知道他是爱我的，他从不对我说假话，但我就是摆脱不了自己的担心。你不知道，当我看到他和来访的女同学相谈甚欢，我心里就不由得会难过。”

如果信任是一棵树，那么嫉妒就是这棵树的深根。有些人不信任自己的配偶是因为自己的性格中有缺陷。这些人不自信，可能觉得自己不如爱人有能力，不如爱人有魅力，不如爱人有名声，他们总会担心自己的爱人会成为仅是“我爱的人”，而不是“爱我的人”。还有一种情况就是，占有欲强的人会觉得爱人是自己的所有物，爱人的所有生活都应该是围绕自己的。前一种的伤较好医治，只要告诉自己“他与我结婚就说明我是值得他爱的”，就能够使受伤的树根复壮；而后一种伤医治起来就十分困难，必须脱胎换骨。

婚姻中的男女都应该明白理解的重要性，不要随意怀疑对方，对对方多一些信任，多给彼此一些空间。懂得给对方一些空间，就等于给自己多一些自由；给予他人信任，就等于自信与豁达，就能够让婚姻得到最好的保护。

不要过多地盘问，也不要过多地猜测，把怀疑对方及过分紧张对方所浪费的时间，来提升自己岂不是更好？爱他，就要信任他；爱他，就要给他适当的爱；爱他，就要尊重他的个性，尊重他的心灵空间。

夫妻之间，哪怕再亲密的关系，也要给对方留下一片自留地。换一种角度来思考问题，信任才是爱情亘古不变的主题。要知道，婚姻的牢固，有时候只是因为信任。

分享两个人的兴趣爱好

婚姻关系是两个人共同成长的关系，而共同成长最离不开的就是两人必须要有一个或几个共同的爱好。唯有具备了这一点，才能让婚姻在共同的爱好中欣然接受彼此的欣赏与鼓励，才能把婚姻的巨轮朝着同一个方向划行。

学员王晓和郭峰结婚之初，并没有什么共同爱好。王晓喜欢安静，比较喜欢看书、看电影、听音乐，项目都比较文雅、不需要动；而郭峰却生性活泼好动，喜欢打篮球、骑车、徒步旅行、爬山、野游。

说起运动，王晓唯一的喜好大概就是游泳了，可郭峰偏偏是个旱鸭子。两个人没有共同的兴趣一直困扰着王晓。婚姻生活中，她除了与郭峰谈谈家事之外，几乎没有其他可说。她有时会和郭峰谈谈班上的学生，但是郭峰好像对此并没有表现出多大的兴趣。

王晓感觉他们之间缺了些什么，思考之后发现，他们之间缺少的是伴侣间应该有的交流。婚姻就像做生意，需要经营，王晓决心改变这种状况。

郭峰主要的兴趣是打篮球，他非常喜欢NBA，并且知道每支球队的名字及球员名字。王晓计划的第一步是培养自己对篮球的兴趣。在王晓彻底弄明白篮球这项运动后，自己居然真的对篮球产生了非常大的兴趣。

王晓跟丈夫一样保持着极大的热情，一同观看NBA的每场比赛，

备忘录上记录着每场赛事的电视转播时间。现在，王晓不仅可以欣赏这项令人非常激动的运动，而且自己也有了新活力。当丈夫在享受这项运动时，王晓再也不会一个人无所事事地坐在一边了。她对球员的表现有了自己的评价，能够跟郭峰一起为了一个精彩的扣篮而兴奋地手舞足蹈。

王晓渐渐发现，其实，人不会天生反感一样东西，不感兴趣只是因为无知、对这个东西没有足够的了解。当你逐渐开始了解这个东西以后，就会发现它的无穷魅力。王晓因为爱郭峰而爱上了篮球，郭峰因为王晓爱篮球而更爱王晓。因为培养了对篮球的兴趣，慢慢地，王晓找到了其他可以与丈夫分享的兴趣。

共同的兴趣，并不能够强求。一个人的兴趣爱好是由其心理品质等诸多因素所决定的。所以，不可以把自己的兴趣爱好强加到对方身上。不强加但是并不代表就这样放任自由，爱好是能够慢慢培养的。因此，要在彼此尊重的基础上，尽自己的努力去适应对方的兴趣爱好。长时间下来，夫妻之间的兴趣爱好才能够趋于平衡，从而达到心理上的协调与相通。

当王晓开始愿意陪伴郭峰看篮球联赛转播时，郭峰也开始逐渐转变。他并不排斥游泳，王晓成了旱鸭子郭峰的游泳教练。郭峰要乖乖听王晓指导、批评，对王晓的示范动作无条件地相信与肯定。

五一假期，郭峰第一次自己下水游泳，一下水就泡了三个多小时。在水中郭峰并不觉得累，但是王晓想着郭峰是第一次游，不能运动过度，就催他上岸。一出水面，郭峰已经感觉自己的手腿酸痛。几天之后，郭峰又兴致勃勃地催促王晓去游泳馆游泳。郭峰说，以后两天游一次。就这样，郭峰也爱上了游泳。

婚姻是不是幸福，最主要标志是两个人的心灵是不是相通，是不是可以心心相印，而并不是要求两个人兴趣爱好完全一致，你喜欢的必须是我也喜欢的。因而，过分地强调夫妻间兴趣爱好一样，是非常没有道理的。

爱人拜太极宗师陈小旺学太极拳初期，我非常反对，认为这是一个老年人的体育项目，你年纪轻轻地打什么太极？他一去练拳，我就不高兴。慢慢的我发现，练拳的还有十几岁的孩子，练太极不仅可以强身健体，还可以修身养性，于是开始支持他。最后，我甚至还被他的儒雅风范降服了，有时两个人在小区里散步时还随着他练上几招几式。男人被欣赏，妻子成为他的学生，他心里也很高兴，同时我们两人的爱还升华了！

当然，我们共同的兴趣爱好或许能够使爱情的花朵娇艳美丽，但是，没有这种共同点，也不会使爱情的花朵枯萎。它在爱情的长河中，仅仅是一滴水，不足以左右爱情的巨轮。因此，如果爱人和自己兴趣爱好不同，大可不必因为这些事情而苦恼，应该在可能的情况下，争取处理好这种关系。

第一，要明白，一个人的兴趣爱好是由其心理品质等很多因素所决定的。所以，不要试图让对方改变自己的兴趣爱好，更不可以把自己的兴趣爱好强加到对方身上，强加的结果常常会适得其反。

第二，相互学习，既然不可以改变对方的兴趣爱好，为了两个人之间有共同的话题，可以培养自己的兴趣爱好。正常情况下，一个人的兴趣爱好反映了这个人的素质，从一个人的兴趣爱好上可以看出一个人的情操与格调，因此要在完成分内工作的基础上，多学习一点东西，用这个来填补自己阅历及知识方面的不足，丰富自己的人生。

爱情是以心心相印为基础的，假如双方都有广泛的爱好及高雅的情趣，我相信你们的婚姻一定会更加美丽。培养广泛的兴趣爱好最有效的办法是，在客观条件允许的情况下，多参加一些活动，在活动中努力培养双方共同的兴趣爱好。

当然，对于爱人的兴趣爱好，不单要尊重，还要适应。

李清照是我们很熟悉的宋代著名女词人，她同丈夫赵明诚的兴趣爱好就颇为不同。李清照好动而赵明诚喜静；李清照对下棋情有独钟并且规定输了棋则需要填词，赵明诚的棋艺不高，填词也不如妻子，但是为了尊重妻子的兴趣，总是热情相陪。每逢下大雪天，李清照就会“戴笠披蓑，循城远览，以寻诗为事”，并且“得句必邀其夫赓和”，这对赵明诚来讲，简直是一种索然无味的苦差事，但是他也可以顺情作陪。

自然，赵明诚注意力集中在方寸之石时，李清照也会克制自己不过去打扰他，并且经常会找机会在他的旁边进行观摩与学习，有时还会和赵明诚仔细探讨一番。因为双方彼此尊重，适应对方的兴趣，他们间的感情与日俱增。李清照的“莫道不销魂，帘卷西风，人比黄花瘦”的千古名句，就表现出了她对丈夫的想念。

现在，很多青年夫妇缺少这种态度，对于对方的兴趣，不仅不会主动适应，甚至希望对方为自己改变，如果改变不了，则是“井水不犯河水”。你做你感兴趣的事情，我做我感兴趣的事，结果彼此的兴趣只会沿着相反的方向越来越远，最后影响到双方的感情。

不要揭短，学会弥补对方的不足

朋友登门求我去帮忙给他妻子做思想工作，以化“干戈”为“玉帛”。我表示疑惑，并细问何故。朋友告诉我说，他的妻子最近总和他争吵，而每次争吵都会讥笑他矮，说自己当初真是瞎了眼，嫁了他这个“矮冬瓜”。他一忍再忍，忍无可忍，这次不打算忍了，一气之下，便回击妻子天生有雀斑的脸像是“芝麻大饼”，让人不忍直视。结果，捅了马蜂窝，闹得天翻地覆。妻子哭着回了娘家，一直未归，声称要与他离婚。

这便是夫妻争吵互相揭短的严重后果。

俗话说：舌头与牙齿在一起，难免有磕磕碰碰时。夫妻间为了一些生活的琐事而发生争吵并不奇怪，可是争吵时相互揭短就不好了，不仅会让对方难堪，还会增加争吵的攻击性，破坏两人之间的感情，甚至有可能发生婚姻危机。

有些人觉得，夫妻是最亲密的关系，随便怎么吵怎么骂都不碍事，揭揭对方的“短”，能够逼对方低头认输。其实，不然。每个人都有自己的人格尊严，夫妻之间也不例外。世界上没有完美的人，你揭对方的短，对方自然也想要揭你的短，互相之间揭短，其实就是互相受辱、互相受伤。即使对方能够容忍你暂时的揭短，不加以回击，你的脸面也不会光彩，被你揭短的可是你自己的爱人。

学员王姐在我的课堂上学习，一次她同我讲了她的两个徒弟的事：

李想和素芳，一进公司就与王姐在一起工作，王姐算他们的师傅。李想

帅气，素芳漂亮，两个人对王姐也十分尊敬，她也打心里喜欢这两个年轻人。他们两人恋爱时，王姐给他们创造了不少独处的机会。

婚礼那天，王姐与大家一起随了份子。作为师傅，她还专门单独给了他们一个红包，算是师徒情分吧。小两口幸福地过了两年，第三年就开始闹矛盾，后来居然闹起了离婚。做师傅的也不能管人家夫妻之间的事情，能问但不能问太深。可是，王姐却比一般人多了解一些。

小两口闹离婚无关出轨与劈腿，也不涉及不孝或家暴，而是因为总是无缘无故地拌嘴，本来是好好的聊天最后总会演变成彼此揭短，总会揭到对方的痛处。

原来，李想上中学时，年少无知，有一次被几个小伙伴蹿掇着练胆儿，看看谁拿了超市的东西不付钱还不被店家发现。结果，除了李想，别人都是只说不练。李想偷拿了光盘放在自己书里，被警报器发现，被保安送到当地派出所，虽然念于初犯免予拘留，但被学校给予严重警告，差点开除。李想原本学习还不错，经历了这件事后，成绩一落千丈，高考成绩都没达到录取的最低分数线，最后只能上职高。

素芳呢？虽然考上了当地最好的大学，却因为妈妈生病不得已在假期到歌厅做了几天陪酒女，与一个公司的老板有了一夜情。后来，这个消息在校园里传开，素芳被以“不良生”为名劝退了。素芳找校领导理论了很多次，校方虽表示同情但没有通融的余地，她只能委屈地离开了大学。

那么，这些事又是如何被对方知道的呢？万能的“朋友圈”。“朋友圈”的秘密在圈里是藏不住的。俩人谈恋爱时谁也没有说，结婚之后彼此也没有捅破，但是两个人都想问清楚，只不过没有合适的机会，即使有机会开口问，也觉得比较尴尬。这次不知道为什么，吵着吵着，就把彼此的事抖落了出来。相比之下，当初李想算是被自己的小伙伴算计了。可是素芳陪酒与过夜，就不是一下子能讲明白的事情了。两个人毫不留情地触碰到了彼此的痛点。

作为师傅，王姐没有袖手旁观，为他们炖了几次“心灵鸡汤”，或许是火候不够，最终没能阻止他们离婚。后来素芳看到自己做过“陪酒女”的事总被同事在背后提起，为了图个清静，便主动辞职，李想则依然留在公司跟着王姐。李想现在偶尔还会说，当初听王姐的话就好了，为自己当时的不冷静而后悔。

尽管只是一个旁观者，这件事对我还是有很大的触动。生活中，我们时常会听到“你不就是想如何如何吗？你以为我看不出来？”夫妻之间多少都会有些磕磕碰碰。其实，看起来是非常小的事，也有讲究。

人都有自尊心，谁都有自己的弱点或想永远隐瞒下去的“污点”，对于勇于面对自己的内心敞亮的人来说，都会本着一颗理解与包容的心看待这一切。但是，作为彼此都有“秘密”的李想和素芳，彼此都准备了一副伪装与面具。一旦伪装被人揭开，面具被人摘下，彼此的自尊都会赤裸裸地摆在对方面前，两个人便都受到了伤害。

因此，在我们自己也没有办法预知或无法掌控伤害对方痛处之后的结果时，最好还是不要做出自己臆想的猜测，更不要觉得自己像是抓住了对方什么把柄，为了话语权而斤斤计较。即便是有，也不要说出来；否则，伤害到的不单单是对方，还会伤害到自己。

夫妻之间，经过恋爱然后走进婚姻，彼此都付出了许多，因为一些生活的琐事及不该有的好胜逞强心理伤害来之不易的感情，实在是不值得。

因此，婚姻里的夫妻，不管遇到多大或多小的事儿，都不要尝试去戳穿对方。在夫妻之间，没有什么道理可说，有的只是彼此的体谅、包容。做到了，婚姻生活便能维持长久不变；反之，就会相互伤害，婚姻生活也会面临破裂。

第二章

转变观念：颠覆传统的幸福姻缘法

不是索取，而是给予

爱不是一味地索取，爱也是付出，许多人都忘记了这最重要的一点。在爱情中不敢付出，害怕受到伤害，夫妻相处却不知道如何去爱，只懂得享受被爱。

生命中，能够做到真正付出、去给予的有几个呢？爱的真谛是给予比接受更快乐。爱是非常纯粹的事情，想爱就去爱，不要害怕受伤，勇敢地去爱，而不是等着对方来爱。只有自己去爱了，才更能体会到对方的爱。

婚姻中的爱并不是迷恋与享受，而是彼此之间的分担、关心、责任及尊重。所以在爱中我们要学会给予，那样才能将婚姻进行到底。

学员中有这样一对年轻的恋人：

女人说："你必须要先对我好，我才会对你好。你如果不对我好，就别妄想我会对你好。"

男人一听这话不服气地说："凭什么要我先对你好？"

看看吧，即使是处于热恋中的男女，彼此也不愿意主动为对方多做些什么。女人觉得这样做了，就是降低了自己的身份，成了男人的附庸；而男人觉得不应该去伺候女人，那样就有损他的"大男子"的身份。

直至婚后，这种极端的"男权"及"女权"的战争也从没有停息过，反而愈演愈烈。特别是在处理家务事中，谁也不愿意心甘情愿地多做一些，因为这个，夫妻两人常常争吵不休。结果，悲剧还是不可避免地发生了。

男人与另一个女人相识并相爱，在这个女人的全身心关心与爱护下，男人真正感悟到了“爱情就是互相付出”的深刻道理，并且收起了之前的计较，全心全意地为女人奉献。原先的婚姻也早早地画上了一个句号。

离婚之前，妻子突然想通了，为了挽救婚姻心甘情愿地放下了自己“女权主义”的自尊。她想挽回这份婚姻，而男人只说了一句“爱到尽头，覆水难收”。

由此可知，爱不能单向索取。在爱情面前，不需要斤斤计较。

之前听过一个故事：赵先生是一家外企高管，在世人眼中非常成功。有一天医院给他打来电话，说他妻子出了车祸。结果妻子成了植物人，清醒的可能性只有一半。

他辞掉自己的工作，日日夜夜陪伴、照顾着妻子，希望可以唤醒她。公司董事长知道这件事情后，对他的行为非常不理解，专门去医院找他谈话，说能帮他找最好的医生及最好的保姆替他照顾妻子，而且费用可以由公司来出，前提是他必须回到公司复职。

赵先生一口拒绝了。为了感化他，这位董事长语重心长地说：“你太太现在已经这样了，她什么都不知道，就算你每时每刻照顾她，她也不知道你是谁，保姆与你的照顾没什么区别。”但是，他却说了一句话：“当她不知道我是谁时，我就要知道她是谁。”

我们总是在歌颂爱的伟大，其实爱很简单，爱是一种责任、一种奉献。在婚姻关系中，假如我们不懂爱这门艺术，就会在爱中迷失了方向。许多时候，爱的付出常常体现在一些微不足道的小事上，费力不大却影响很大，因此需要时刻记住：真正的爱是给予，而不是索取，斤斤计较得不到真挚的爱。

学员明刚对我讲了他表弟的事：若飞和欣欣是大学时期认识的，那时候他们的教室门对门，上课常常坐在第一排。若飞无意间看到坐在对面教室里的欣欣，觉得这个姑娘非常可爱。暗恋半年后，若飞终于在上大课时因为帮欣欣占座而搭上了话，之后便双双坠入爱河。

当时，若飞的同学都劝他别和欣欣在一起，因为欣欣的听觉有障碍，口齿不

清。但若飞从来没有觉得这是个问题，毕业后两人便结了婚。

婚后，二人过了一段美好的日子。可是，后来若飞不幸感染了一种传染性非常强并且很难治愈的疾病。为了照顾他，妈妈与欣欣也相继被感染。病愈之后，他又被查出股骨头坏死。之后的一年，若飞接受了股骨头置换手术。术后，他在床上一躺就是三年。那段日子非常不好过，与世隔绝，看不到未来，也没有办法自由活动，甚至整整一年的时间都没有洗过澡。

因为担心儿子的病情及将来，若飞妈妈积劳成疾，忧心忡忡，不幸得了抑郁症。春节前的一天，妈妈打电话约好了换防盗门的工人，可是转头就忘。之后，她到商场采购年货，欣欣出去办事，若飞一个人躺在家里。

他们出门没多久，换防盗门的工人就来了。没有办法，若飞只能爬着去给工人开门。妈妈回来后看到装好的防盗门，和若飞抱头痛哭。

其实，欣欣也想过放弃，但是她清楚地记得两人刚在一起时的情景：

那时候的她非常自卑，她去医院看过耳神经，医生讲的话她时常听不见。医生问她有没有家人，她说家人都在外地，赶不过来；医生问她，那你有没有男朋友，她说有，于是就打电话给若飞。若飞从学校打车赶到医院。

半年之后，欣欣才知道原来医生对他说："你女朋友的这个病没法治，年纪越大听力会越差，也许等她上年纪后就彻底听不见了。你要当她的拐杖……"

每每想到这里，欣欣都会给自己鼓劲儿，同时也会劝慰若飞："现在，你的腿不能动，是时候我来做你的拐杖了。"

爱是不能单向去索取的，不能先看对方给了你多少"爱"，你再视具体情况还给他多少"爱"。聪明的女人会将自己经营成一个调配爱情的高手，怀着浓烈的爱心，不求回报地去关心自己的男人，反而更容易激起他对你更大的回报。

没有对错，只有不同

我曾在深夜接到过朋友的电话，听她抱怨自己的老公“固执”。我一边调动自己的神经强撑着让自己别睡着，一边安慰她：“你和他好好沟通，你这种态度他是不是也不愿意接受？”电话那头哇哇大哭，说：“我已经跟他说了很多次了，怎么说都没用，你说我该怎么办？当初真的不知道他是一个这样的人。我不和他过了，我要离婚……”

这大概就是婚姻中经常会出现的一个场景——我简直不能相信，他（她）居然这样迟钝。最初你想，他（她）最后一定会明白是自己的错，你才是对的。

学员小雅与老公吵架了，一气之下离家出走，说要来我家借住几天。我还没开口，她就气呼呼地说：“天，这日子真是没法过了。我老公简直就是厕所里的石头，又臭又硬，明明他自己做错了，却死不承认，还自以为是。我与这个顽固派真是一天都过不下去了，三天一小吵五天一大吵。他从来都不认错，还说我的想法就是荒唐。”

接着，小雅历数了老公的种种“劣迹”，以证明他们吵架是他的过错。小雅还说：“当然，最大错特错的就是，我居然嫁给了这种人。”

在教育孩子方面，小雅一向严格，也十分用心，不仅买了许多教子方面的书，还经常会听些育儿专家的讲座。而她的老公呢？对孩子不闻不问。有时小雅刚给孩子布置了学习任务，她老公就招呼孩子下楼玩去了。小雅气不打一处来，老公却振振有词：“孩子需要放养，你这样做会扼杀孩子的天性。”两人的育儿观念

矛盾重重，小雅对老公的“谬论”一点都不认同。

在对待家里老人方面，两个人也有一些分歧。小雅的婆婆一个人住在乡下，老公总要把她接到城里，可是老人家却不愿意在城里憋着，说是对这个地方不熟，哪里也去不了，时间长了会把人闷坏。

小雅的观点是，百孝顺为先，既然老人喜欢而且习惯了乡下的自由生活，就遂了老人的愿，只要周末时常回去看看她就可以了。小雅说得头头是道。但是老公表示不同意，说老人的年纪大了，一个人守着破旧的老屋，日子过得十分冷清。而且乡下的医疗条件非常差，看病不方便。老人家上年纪了，身体不好，血压又高，假如住在城里，生病了，开车几分钟就能到医院。两个人为这件事争执了许多回，闹了好几次别扭。

这些分歧还都是小意思，最重要的是家里的大事，他们的观点也总是不一样。马上就要买房子了，小雅的意思是买个面积小点的，三口人够住就行，这样还款的压力小，生活轻松。可是老公想要换个大点的房子，说小房子就像一个鸽子笼，住着非常憋屈，大房子住着舒服；他们正年轻，贷款买房子尽管有压力，但是压力也是动力，能够激励他们更加努力地工作。

闹到最后，小雅说：“咱俩的人生观不一样，不知道当初怎么就阴差阳错和你在一起了。”

其实，所有的夫妻都会遇到这样的分歧。这是一种很正常的现象。她说糖是甜的，他说醋是酸的。你说两个人谁错了？其实谁都没有错。婚姻生活中，没有对错，没有必要斤斤计较，非要争个谁是谁非。两个人都是出于对自己这个家的责任感，都希望生活可以变得更好，这样看来，谁的观点都是正确的，只是站的立场不同、看问题的角度不同而已。

婚姻生活中，沟通排在第一位，不讲对错，重要的是，通过沟通找到一种更合理的处理方式。遇到问题就针锋相对，不仅解决不了问题，还会激化矛盾，影响两个人的感情。婚姻生活，不要在意谁对谁错，尝试相互理解与宽容，要理性一些。

小雅还真听劝，听完我的话，点了点头说："我这就给他打个电话，让他来接我。"

婚姻生活中的两个人因为彼此性格的不同，经常会有冲突与矛盾，这是非常正常不过的事情。两性的实质其实就是一种磨合，就连刚买的新车都需要经过磨合期，更何况是两个有思想的、活生生的人？两性之间磨合好了，婚姻生活就会平稳快捷；磨合不好则婚姻生活危机重重。

恋爱毕竟是短暂的，婚姻却是长久的。结婚之后，需要面对柴米油盐酱醋茶，生活琐事及外界的各种诱惑，难免会出现一些摩擦与危机。如果想要保持婚姻的长久，就必须要有一颗平稳平静平淡的心；同时，还要明白：婚姻中，没有绝对意义的对错，也没有什么不能被原谅的，假如非要按照一个标准或坚持不可原谅，婚姻必然是走到了尽头。

争执对错是一个让彼此都比较容易激动与挫败的方式，既然知道杀伤力巨大，为什么还是要争个高下？许多人说，不说出来，我心里不舒服，觉得自己特别委屈，我就觉得自己是对的，是他（她）做错了，所以希望对方可以意识到自己错了。

假如对方也是抱有相同的观点，同样觉得自己是对的，那么对方是不是也会感到委屈？彼此背后没有说出口的期待没有被人理解，彼此的需求都没有被满足，尽管关系存在，但是实际的功能已经丧失。长此以往，当彼此的耐心在日复一日的较劲中被逐渐磨掉后，两个人的关系就会变得非常危险。

俗话说"有理走遍天下"，我可以打包票，这个"天下"一定不包括家庭，因为在家里，不需要讲理，家不是一个讲理的地方，是讲爱的地方。

是啊，夫妻从领证的那一天起就成了命运的共同体。因为从小的生活环境不一样，养成的习惯也就有着差异，很难说谁对谁错，争论对错不仅不会引起彼此的共鸣，甚至还有些残忍。

幸福家庭，其实不需要一个人改变太多，需要改变的只有心态而已。那就是凡事多包容，对自己的另一半多体贴，男人多“让”，女人多“忍”，就没有过不去的坎儿。恋爱时，双方都希望把自己最美好的一面展现给对方，那不是完整的。想要婚姻幸福，就一定要接受对方的不完美，如此爱才能如初，才能幸福到老。

不追求一致，包容不一致

我有两位学员，钱意与孙小小。他们两人不认识，但有一个相同点：就是不懂得包容婚姻中的另一半。

钱意是重庆人，无辣不欢，做菜时，什么菜都想放上一把辣椒。老公是福建人，口味比较清淡，做菜也不喜放太多的调味料。恋爱时，这个问题并不是非常明显，男友偶尔会陪钱意吃几回川菜，钱意也可以忍受几回男友的海鲜白灼。两人步入婚姻殿堂后，完全没想过日后因为饮食会给彼此带来这么多的麻烦事。

婚后，两人每天都一起吃饭，饮食习惯的不同自然引发了众多家庭问题。比如，谁掌厨的那天，谁就做自己喜欢吃的。时间久了，抱怨的话就来了："你一点都不心疼我""你也没迁就过我呀"……闹过很多回，谁也没有办法顺着谁。明知道这些都是饮食习惯不同的原因，可是谁都不愿改变自己多年的口味。吃饭不舒坦，感情问题也就跟着来了。前段时间，钱意老公隔三岔五地在外面吃饭，朋友打小报告，疑似他办公室里的一个女孩也吃得比较清淡，两人总是一块吃饭。

夫妻之间的生活习惯是不是一致，对于婚姻生活的稳定及可持续发展起着非常关键的作用。许多夫妻之间的矛盾就是源于彼此的生活习惯不同。例如，一个口味偏甜，一个却不爱吃甜；一个喜欢安静，一个却钟爱热闹。

事实上，这些问题也非常好解决。只要不涉及原则性的问题，夫妻之间偶尔存在这样或那样不同的爱好和兴趣，正好能互补，可以使婚姻生活摩擦出不同的火花。当然，假如两人的一些生活习惯不能保持协调一致，则有可能导致两个人

离婚。

问题可大可小，关键在于夫妻之间是不是可以互相包容和理解。

孙小小有个好老婆，老婆喜欢整理，总是把家里整理得井井有条。按理说这是一件好事，可是她总是用自己的那套标准来要求孙小小，孙小小非常受不了。就拿他们家的鞋来说吧，从他进门开始，老婆就开始碎碎念，一长串的规定：鞋必须得放到固定的位置上；进家必须换拖鞋；拖鞋不能随便穿，自己的鞋自己穿……孙小小有时会反驳一句说：这么多拖鞋，模样都差不多，哪能找得准；再说，穿错了也不会怎么样啊。

为此，老婆可以因为一双鞋教育他半小时，还会批评他报纸乱放、笔记本电脑总扔在茶几上、手机落在沙发缝里……为了免除她不定期地向自己唠叨，孙小小一进家门就会变得十分谨慎，小心翼翼，精神紧绷。

孙小小说："其实我理解，她有自己的习惯，但是我也有我自己的习惯。我的东西虽然会乱放，但我可以在一堆东西中准确快速地找到需要的。她给我整理完后，我却什么都找不到。在家，还不让我自由随便点，那还要家干什么？"

夫妻相处有夫妻之道，结婚前夫妻双方都是彼此独立的，各自有各自的行为习惯及处世原则。这些是在一个人成长过程中逐渐形成的，是两条完全不同的轨迹，不可能因为结婚就把两条轨迹变为一条。假如结婚之后，一方总想改变另一方，是对对方的不尊重，一定会引来大吵小吵；争吵不断升级，最后必然会出现彼此都不想看到的局面。

夫妻相处的基本之道就是相互包容，要为彼此留下一个独立的空间。恋爱的过程就是要对彼此的性格、行为习惯、为人处世的原则多了解。好的自然不必多说，重要的是对爱人的不足、性格能否包容。

夫妻在成家之前，是两个彼此独立的圆；结婚成家后，是两个相交的圆，相交的部分就是需要共同生活的部分，这部分就需要彼此包容；不相交的部分，就是自己的独立空间，是可以让自己自由发挥的部分。

不过，假如只是相互包容还远远不够。夫妻之道其实也是一门艺术，最高明的夫妻之道当是把对方当作一只风筝，把自己当作牵风筝线的人，只要一手牵着风筝线，不论对方飞向何方，都飞不出你的手心。

婚姻就像事业一样，需要两人用心经营，幸福的婚姻更是这样。一对夫妻想要白头到老，除了彼此之间有爱有情，还要学会包容对方的不一致、不完美，这才是幸福婚姻的“必修课”。

婚后不久，女人就与丈夫闹别扭，二人争吵不断。妻子找到一位心理医生哭诉自己婚姻的不幸，问医生，她今后该怎么办？

医生不慌不忙，从抽屉里拿出了一张纸，纸上是一道题目：一辆装满货物的大卡车想要通过一个桥洞时，却因为货物高出桥洞两厘米而没有办法通过，请问在不卸货物的情况下要如何才能够使卡车顺利通过桥洞？

这个女人思考了很久没有办法解出来，最后医生告诉她：“给卡车的轮胎放点气，让卡车矮下两厘米，不就能够通过了吗？”并说：“你对婚姻及丈夫的要求是不是太高了？你需要给自己放点气，让婚姻这辆车可以顺利通过啊！”

女人听了，恍然大悟。之后，女人很少与丈夫闹矛盾，慢慢学会了宽容、忍让与尊重，生活越来越幸福。

这个故事是我在一本书上看到的，文章尽管非常短，却给我留下了非常深的印象。看似简单的比喻，却一语中点出了夫妻相处的门道。是的，婚姻就像一辆车，负重前行时我们需要学会充气，奔向幸福的站点；超重行驶时，我们需要学会放气，平安驶过才最重要。

生活中，夫妻之间尤其是新婚夫妇之间需要一段时间来磨合。这是因为，双方是在不同的生活背景下结合在一起的，彼此的道德观念、生活习惯、价值取向、兴趣爱好等都不可能完全相同，会因为一些细小的摩擦而不快、赌气、怨恨，甚至大动干戈、大吵一架。

假如夫妻之间学会理性地调整自己的心理与感情，怀着一颗宽容的心度过“磨合期”就会好很多。很多时候，配偶做出一些可能让对方感到不快的行为，并不是出于恶意，而是因为自己的疏忽，或者只是顾及自己的需求而未考虑其他。

既然这样，何必要“上纲上线”？否则，只能给自己增加烦恼，激化矛盾。俗话说：忍一时风平浪静，退一步海阔天空。彼此宽容一点，多讲究方法，尊重彼此的个性、原则、习惯、兴趣爱好，不强制对方按照自己的意愿去改变，遵循“求同存异”的原则……这样，婚姻质量才会步步高，生活才能变得更加和谐与美满。

不是去要求，而是向内求

有两对夫妻住在一栋楼的对门，其中一对夫妻十分恩爱，相敬如宾；另一对夫妻则是小吵大吵不断，似乎三天不吵架就觉得今天像是少了点什么。

每个人都想追求幸福，因此这对经常吵架的夫妻就去登门拜访对门的太太，希望对方可以教一些相处之道。不吵架的太太就对这位爱吵架的太太说，“其实我们夫妻也没有什么相处之道，不吵架是因为我们家都是坏人，你们家都是好人”。这个答案把这位太太听蒙了，你们家都是坏人，还如此和乐；我们家都是好人，却吵得不可开交，你这更像是在讽刺我吧？

看她的表情，对门的太太觉得可能她没听懂，又耐心地向她解释了一遍：“比方我给我丈夫倒了一杯茶，他走过来不小心把这杯茶给撞洒了。我看到后，会马上过来说：‘对不起，我没有把茶放好，害你撞倒了茶杯，真抱歉。’边道歉边拿着抹布把被撞倒的茶杯捡起来，并把桌子擦干净。这时我丈夫就会马上接话：‘是我自己走路不小心，你的一片心意都被我给毁了，我才是要道歉的。’我会接着说：‘我再给你泡一杯好茶，今天晚上我们好好聊一聊。’”

“一杯茶撞倒了，是好事，还是坏事？真正夫妻之道是不断地反省自己，把坏事变为好事。但是这杯茶如果在你们家撞倒，效果就不是这样了，有了这一撞，你可能会立刻斥责：‘你走路长眼睛了吗？要喝自己去倒。’我想，你先生一定会不甘示弱：‘你连倒杯茶都不知道怎么放，还能干什么。’你看，仅仅是一杯茶被撞倒了，最后便能够闹起来？虽然只是一杯茶被撞倒，却能闹到离婚的地步。”

许多年轻夫妻去办理离婚手续，办手续的人劝和不劝分，有时候会让他们好好想想到底要不要离婚，为什么要离婚？夫妻有时候会互看一眼说：“对。我们为什么会闹到这个地步？”都忘了当初为什么吵，只是一口气咽不下去，把家庭及下一代的责任都给忘掉了。

老祖宗说“各自责，天清地宁；各相责，天翻地覆”，忍住责备别人，也许只是一念之间。先从自己开始反省，也许这事是我的不对，对方的善根就会被引发起来，我也有不对。

这个道理不仅适用于夫妻之间，人与人相处也是这个道理。互相反省，大家都不断地检讨自己、改正自己；互相指责，大家都意气用事。

人，最大的问题就是：看不见自身的问题。尽管这种盲目现象非常容易理解——正是因为我们的局限性，问题才成了问题。然而，事情的症结就在这里：当问题发生时，我们总习惯把手指向他人，却常常忽略了看向自己。

因此，我们会大发雷霆：我对你这么好，你为什么要这样对我说话？我为你付出了全部的心血，你为什么要用这种态度对我……我们常常在意对方心里是怎么想的。

但是，就算是搞清楚又会有什么不同呢？我们能够控制别人的思想与行为吗？其实，在这里，我们最需要在意的是，为什么“我”会如此在意？为什么“我”会感到受伤？为什么“我”会产生生气这种情绪？问题都出在“我”自己身上，那才是我们需要关心的。

现在，闭起眼睛，关注一下自己的内心。如此，就会发现，“我”生气，是因为“我”的心里原本就有一个伤口。所以，只要别人触碰到这个伤口，不管是有意还是无意，这个“我”就会感到痛。这道伤口会让“我”变得脆弱，为了保护自己，“我”就会建立起厚厚的心理防线。谁都不可以走近这道防线，只要越线，“我”都会拿起武器先攻击他。

每当我们感觉自己受到了伤害，要记住：那是因为我们的心里有伤口。假如身上一个伤口都没有，不管撒盐、洒水，还是撒什么，都不会受到任何影响。

婚姻关系，把努力放在别人身上终究不可靠，还是要在自己身上寻找突破口。要对方为自己负责，其实就是在变相求人。求人必然要看对方的脸色，如此自己便成了奴隶，迟早有一天会被别人牵着鼻子走，也就等于把自己命运的方向盘放在了他人手中。

要想成为自己命运的主人，必须要了解："无论什么事发生在自己身上，都要做到自己对自己无条件地全权负责。因为，这一切都是我自己走出来的。"

只有一直坚持"向内求"，把对别人的要求转成对自己的要求，才能活出真正的自己。到那时，我相信两人之间看似不可调和的问题也就不再需要答案了，更不需要分出谁对谁错。只要认真做了自己，很多问题便能迎刃而解。

做好自己，整个世界也就好了。婚姻中的第一面镜子就是：不是去要求，而是向内求。

有时候也要反问自己究竟要什么？有没有在想要的路径上行走？有没有偏离？要不要归位？我们要的幸福是什么？

若干年前，听过这样一个故事：

有个大富翁，凡是可以用钱买到的东西，他都买来享受。然而，他却觉得自己一点也不快乐、不幸福。一天，他突发奇想，把家中所有贵重物品通通装入一个大袋子。他决定，只要谁可以告诉他幸福的方法，他就把整个袋子送给他。于是，他开始去旅行。

他一边找一边问，最终来到一个小村庄。有位村民告诉他："我知道一位大师，他可以告诉你答案，你应该去见他。如果连他都没办法，就算你跑到天涯海角，也没人可以帮助你。"

最后，富翁找到了正在打坐的大师，非常激动地说："大师，我一生的财富都在这袋子里，今天来找你只有一个目的，只要你能告诉我幸

福的方法，袋子就是你的了。”

此时天色已黑，夜已降临。大师抓起富翁手上的袋子，向外奔跑。富翁见状，立即又哭又叫地追着跑，不一会儿就跟丢了。富翁一边跑一边哭：“我被骗了，呜……这可是我一生的心血呀。”结果，大师跑回来，将袋子还给他。

富翁见到失而复得的袋子，立刻抱在怀里，直说：“太好了，太好了！”这时，大师问道：“你现在觉得如何？幸福吗？”富翁感慨地说：“幸福，我觉得自己真的太幸福了！”

大师笑说：“这并不是什么特别的方法，只不过，对自己拥有的一切都视为理所当然，就会觉得不幸福。得到一个失去的机会，就能立刻知道你所拥有的有多重要。你现在所抱的袋子与之前的是同一个，你还愿意把它给我吗？”

这个故事告诉我们：幸福是本已拥有却意识不到的财富，幸福是失而复得的感慨，幸福是内心认识提升的心灵感悟。首先，我们要明确的是，我们的最终目标不是最大化财富，而是自己的幸福最大化。

不是去改变，而是去接受

两个人从陌生到踏入婚姻以工代殿堂，是为了什么？

《弟子规》里有这样一句话：“财物轻，怨何生；言语忍，忿自泯。”这句话的意思是，不论是夫妻也好，家人也好，不愉快的发生常常是因为钱的问题或是言语欠妥，造成了摩擦与冲突。能够把财物看轻，夫妻、家人的情感就不会伤害；言语能忍住，冲突也就不会扩大。

夫妻之间没有道理可讲，讲道理会气死你。夫妻之间要讲情，要互相疼爱，要把关注点放在对方的优点上，多注意对方的付出。

那些自由恋爱而结成夫妻的人，都是因为彼此倾慕最后才走到一起。所以，在结婚之后两个人还应该要保持一份最原始的倾慕，不因为结婚而改变。结婚之后，发现对方更多的优点，两个人的关系便能一直维持一个不错的状态。

试图改变对方，是错误的生活态度。虽然目的不错，但过程非常曲折；而且，改变不当，还容易发生战争，幸福生活也就不存在了。

学员周姐和先生来自不同生活模式的家庭。周姐小时候，一家三口人都有自己的兴趣爱好：爸爸热爱工作，妈妈喜欢打麻将，而自己喜欢看漫画。三个人每天都在忙着自己的事情，彼此之间互不干扰。只有在自己的学习成绩下降时，才会引起父母的重视与指导，但是只要自己硬着头皮听下去，不出半小时，父母就都会继续忙自己的事情去了。

周姐先生的家庭则相反。他觉得自己从小到大的所有行为，就像是在父母的

"监控"下执行并完成的。父母对他的照料可谓无微不至，自己还没有提出需求，父母就已经猜到自己想要什么并为其准备好。自己在学业上有一点风吹草动，也会引起全家人的重视或焦虑。

这样的两个人，从彼此身上闻到了自己想要的味道——一个拥有足够的空间与自由，另一个拥有足够的关怀与支持。于是，两个人一拍即合，走到一起。但是，婚后生活却没有想象中那样幸福。每到休息日，周姐便会习惯性地窝在沙发里刷手机，享受属于自己的小空间；而丈夫则不停地挑剔妻子生活上的坏习惯，一边挑剔还一边帮她整理。

尽管两个人都不喜欢自己的家庭模式，但是在共同的生活中，两个人都会不由自主地将自己过去的家庭模式套入新的家庭中。周姐会对丈夫的挑剔表示不满，丈夫则觉得这才是爱她的表现；丈夫也会对妻子每天抱着手机不与自己沟通不满意，周姐却说自己就是这样，而且也不会改变。两人的婚姻终于出现了嫌隙。

其实，简单分析一下就会发现，矛盾产生的原因之一，就是两个人都坚持自己过去的家庭氛围，企图将自己的房子变成过去常常感受到的温度——妻子似乎来自北极，习惯了独立清淡的关系；丈夫也许来自热带，更喜欢被温暖环绕的关系。冷暖交汇时，便是风起云涌时。

夫妻之间产生想要改变对方的想法是一种非常普遍的现象，根本原因就在于，每个人都在忠于自己原生家庭的模式，并企图让对方也接纳自己的习惯模式。

许多时候，选择一个人就意味着选择了一种生活。有人说，嫁给一个人就是嫁给了他带来的这种生活方式，这是非常有道理的。婚姻中，爱对方，不仅要爱对方的现在，还要爱对方的生活方式，这样幸福与快乐才能一直伴随在你们的身边。

整天抱怨另一半："我说了多少遍了，你就不能改变一下吗？"永远不满意自己的丈夫，总是希望通过自己的思想、认知及愿望来改造自己的男人，让男人变成一个完美的、没有缺点的、听话的、与自己的思想保持同步的男人……简直就是痴人说梦。

有的女人也许会说，他要是真心爱我，就会为我改变。要知道，这句话是有时效性的，不是在任何时间都有效。当一个男人还没有完全得到这个女人时，男人会试着改变一下自己来投其所好。可是，只要结了婚，男人的刻意改变及隐瞒就会逐渐显现。这时女人就会无限感慨：“原来男人在谈情说爱时是一个样，得手之后是另一个样。”

问题是，为什么需要改变的一定是对方，为什么不是你自己？两人之间有分歧，之所以要求对方改变，是因为自己非常难改变。改变自己都这么难，改变别人岂不更是难上加难？

家庭心理学里提到：带着准备“改造”对方的思想而结婚的人，多数都是喜欢以自我为中心，遇事总是希望对方为自己着想；企图让对方听自己的话……如此，就会给对方带来控制欲过强、限制自由、干涉过多的感觉，给对方带来巨大的心理压力。家庭是放松心情的地方，有了压力，家里空气压抑，谁还会愿意回来？

相爱的夫妻在心理上定然是彼此接纳、彼此理解、彼此扶持的，即使双方在性格上有差异、生活品位不同，只要真心相爱，彼此也会出现巨大的相容性。很多人都听说过王子与灰姑娘结合的爱情故事，在羡慕灰姑娘的幸运时，我们更应该明白：真正的爱情会让彼此都变得宽容起来，在对方的眼里缺点都会变得微不足道。

曾经看到这样一则故事：

有一对夫妻生活中时常为对方着想，非常恩爱，懂得迁就，从来没有吵过架，别人都非常羡慕。妻子知道丈夫喜欢吃蛋黄，直到他们七十多岁时，每次饭桌上的鸡蛋，她都会把蛋黄留给丈夫吃；丈夫知道妻子喜欢吃蛋白，只要有蛋白，就会把蛋白让给妻子。

把最好的留给对方，这是多么美好的一件事。

与其让对方为了适应你而强行改变自己，不如大家各退一步，你朝对方迈出第一步，也许对方就会把其余的九十九步都迈出。当你不要求对方为你改变时，对方往往也会跟随你的脚步。

要清楚，真爱是无私的，可以让自己所爱的人感到自由与快乐，让对方按照自己最本真的样子去生活和发展，而不是为了你而扼杀掉对方的天性。

不是变完美，而是变完整

有个十分理性的男人与一个十分感性的女人走在了一起。对男人来说，这样可以发展他的情感面，使他变得更加完整；对女人来说，培养超然的理性态度，可以让她更加平衡。

其实，如果两个人不整合自己的对立能量，而是企图改变彼此，他们之间的关系便会失衡且分裂。男人会变得更为理性，喜欢说道理；女人会变得更加感性，更容易情绪化。在这种情形下，他们会越来越难以接受彼此。

爱一个人，不能只爱半个他，不能只爱你爱的那部分，要爱就爱他的全部。既要爱他好的那部分，也要爱他不好的那部分；既要爱他的现在，也要爱他的过去；既要爱他的优点，也要爱他的缺点……因为缺点也是属于他的一部分。记住：你爱的是一个对象，而不是一个偶像。

现实中，许多夫妻都喜欢用放大镜去看对方的缺点，而用缩小镜来对待对方的优点，如此，定然看不到对方的优点，看到更多的是缺点，家庭自然不会和谐。

学员小蔡与男友正在交往中，他是一个非常优秀的男人，风趣幽默，有才华，工作很好，收入也高，对小蔡很关心，非常浪漫，时不时还会给小蔡一些惊喜。看到男友有这么多优点，小蔡觉得跟他在一起自己特别幸福。

但是，男友有缺点，尽管只有一个缺点，但小蔡却无法忍受。男友有几个关系不错的异性朋友，他对这些朋友都非常关心，只要人家有事，他便会全力以赴地帮助。即使是在约会中，只要朋友打电话给他，他就会抛下小蔡，飞到她们身边。当然，为了证明他们之间的纯洁关系，男友有时候也会带着小蔡一起去。可是，小蔡却无法接受男友将异性朋友放在她前面，怎么办？

每个人都不是完美的，各有各的优缺点。爱是全部接受，而不是一种挑选。我们是与对方的优点恋爱，与对方的缺点过日子。

网上有一句话很火，说“婚姻是爱情的坟墓”，真的这么惨吗？男女双方有缘分才能走在一起，婚姻实现的是彼此关心、共同成长，成就的是彼此的智慧与人生；而不是在一起荒废学习，互相沉沦……

一次，我跟一群朋友一起吃饭，有认识的，有仅见过一面的。我们围了一桌，吃饭闲聊时。我了解到，同桌共有四位女性，其中三位已经离婚，一位正准备离婚，怎么回事？

相逢就是有缘，既然有缘不妨劝导一下。后来，我抓住一个说话的时机：“夫妻相处只要守住一句真言，保证白头偕老。”准备离婚的朋友听了我的话，眼睛瞪得老大。她耳朵都快要竖起来了，似乎准备认真听我讲。

我接着说：“结婚之后，只看对方的优点，不要在意对方的缺点。”这句话讲完，朋友便眉头深锁，回了我一句：“太难了。”

我看看对方，笑着说：“你先生没有优点，你还敢嫁给他，我也真是佩服你！”人的脾气只要一上来，还能看到对方的优点？笑话！

最美好的婚姻状态是自由的，不需要枷锁束缚，夫妻双方会像朋友一样彼此理解、彼此交融。爱是一种平和的相处而不是自私的改造，就像是你喜欢一件艺术品，需要用心接受它，而不是带着苛求的眼光去挑剔。婚姻中，只有彼此欣赏，才会沉浸在无限的幸福甜蜜之中。

一对新人结婚。看到岳父岳父结婚三十年一直相敬如宾，从不吵架，女婿专门请教了岳父。岳父说：“我结婚时我岳父告知我，‘不要苛责你太太或怪她做错事，要知道，你们原本就是两个独立的个体，你们是两个不同的人，都有缺点，偶尔做错点事非常正常。假如你们都非常完美，没有摩擦，婚姻就有可能在波澜不惊中死亡’。”

一位先生前天晚上去谈客户，把客户的名片放在衣兜里，太太不知道。第二天一大早，太太把丈夫的衣服拿去洗，结果名片全都洗糊了。先生醒过来，发现名片“惨状”，立刻说：“我的衣服怎么都洗了？你怎么没把我的名片拿出来？那个客户很重要啊！”

这时，如果是你，你会怎么做？如果你说：“那你以后自己的衣服自己洗。”可能一场战争就不可避免地爆发了。如果带着内疚说：“哎呀，老公，真是抱歉，我真是太不小心了，下次注意。”我想，只要你这么一讲，对方多半都会立刻说：“没事。”

只要为对方多想想，一个巴掌就拍不响了，毕竟太太也是好意。老祖宗告诉我们，“各自责，天清地宁”，好日子怎么来？幸福就在一念之间。

我们寻找另一半的目的是为了让自己有机会把心灵变得更完整，而不是找一个完美无缺的人作为自己的伴侣。婚姻中的两个人就像冬天彼此依偎的刺猬，由于怕冷，才会紧紧靠近对方；但是，又害怕被对方身上的刺扎疼，所以总是若即若离。

不要用挑剔的眼光看待对方，多给彼此一些包容与理解，这种苛求就会变为一种欣赏。

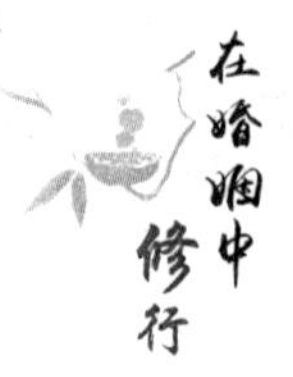

不是去求人爱，而是去爱人

每个人都有自己的需要，你需要这个，我需要那个，结果自然就容易在对方身上发现和实现需要被满足的机会。于是，交易便于两个人之间开始了。你给我你所拥有的东西，我给你我所拥有的东西，于是就有“爱”；而当对方没有办法给你对等价值的东西时，你便无法继续交易，也就是“不爱”了。

世人的恋爱关系，就像商业合作。许多怨偶常常会觉得自己牺牲太多，觉得心有不甘；许多失恋或失婚的人，经常会苦苦纠缠，也是因为不甘心。原因何在？因为他们一厢情愿地认为，我对你付出这么多，你就不能负我，必须给我一些回报。这种爱情、婚姻跟“做生意”有什么两样？

婚姻中的两个人都在追求自己的欲望，都是为了满足自己的需求，怎么会有爱？需要别人爱自己，你就是缺爱的人；如若你的心中缺爱，又怎么给别人爱？爱不是名词，而是一个动词，需要用行动来表示。因此，一定要用你希望对方对待你的方式去对待对方，去做你希望对方想要为你做的事。

爱情里没有活雷锋，对方向你许下爱的诺言，愿意和你共度一生，并不单单是为了爱，同时他也希望获得爱。即便他不曾把这些话说出口，也不要把他的付出与牺牲视为理所应当。

婚姻是建立在爱之上的，有了爱，婚姻才能幸福长久。爱和被爱是一对相互作用的力，当他在爱着你的同时，你也在爱着他。

朋友郑可和妻子结婚40多年，两人一直生活幸福，恩爱如初。不论郑可多忙，都会在最短的时间里完成工作，回到家里陪伴妻子。这样，两个人20多岁结婚，如今已经60多岁。

如今，“婚姻到了一定的年限就会变质”似乎成了一条定律，而郑可夫妻俩却能始终如一。秘诀何在？郑可是这样回答的：“我最爱吃老婆做的菜，不论走到哪里，即使吃到再美味的食物，也都觉得没有自己老婆做的好。我知道她是爱我的，她做的饭不是单纯的一顿饭，饭菜里还加入了她对我的爱。即使工作再辛苦，只要一想到做完这些工作，回到家就会有香喷喷的饭菜等着我，我的疲劳感就会减少许多……”

爱情的力量果然如此强大！

爱是一种习惯，为了让他对你始终如一，就要将自己变成他的一种习惯。

许多人都希望自己能够一手抓着爱情，一手抓着事业，其实多半都是一厢情愿。自古以来爱情和事业都是一对矛盾，如今依然冲击着爱情与婚姻。在城市中打拼，把自己埋没于工作的繁杂事务，将婚姻完全扔在脑后，难免会忽视另一方。一旦注意力不放在对方身上，婚姻的隐疾自然会产生。

学员梦梦是一个事业型女人，年纪轻轻就坐到了总监的位置。丈夫凯南是她的“贤内助”，梦梦每次下班回到家，凯南都会为她准备一桌可口的饭菜；吃完饭之后，凯南就立即收拾桌子碗筷；临睡之前，还会帮梦梦放好洗澡水，为她按摩。这种被心爱的人捧在手心里的感觉，令梦梦感到十分开心。

可是，又有哪个人喜欢“工作狂”？职务越高，承担的责任也就越大。随着工作越来越忙，梦梦回家的时间也越来越晚，有时甚至还要将自己在公司没有处理完的工作带回家继续处理。凯南一天都没见到她，总想跟她聊聊天，可是她一心不能二用，总觉得他就是想故意打扰她的工作。事业变成了家庭的重心，两个人最初的甜蜜像是一场梦，虚幻缥缈。

凯南看到梦梦忙进忙出的样子，非常心疼，知道她是为了这个家好，

可是被对方忽视的感觉依然像无数蚂蚁咬着他的心一样难受。时间久了，凯南越来越觉得这个家似乎不需要他。看到梦梦能力比自己强，收入也比自己高，在朋友圈里，他慢慢失去了自信。结果，凯南不再像之前那样照顾梦梦，有时她回到家甚至连吃一口热饭都是奢望。

梦梦意识到他们之间出了问题，但是究竟是怎么回事？难道是凯南不爱她了吗？鱼和熊掌不可兼得，有了事业难道真的就没有幸福的婚姻了？梦梦找到凯南，希望两个人坐下来冷静地认真谈谈，凯南直言不讳，将自己心中的苦闷一泄而出。

从凯南的话中，梦梦知道凯南还是爱她的，也甘愿“屈居”她之下，只不过是觉得自己不被需要，觉得梦梦越来越不在乎他了。梦梦笑着对凯南说：“等忙完这个项目，我们出去旅行放松一下，我要弥补一下对你的爱。”凯南高兴地笑了。

婚姻中，一方对另一方冷淡，并不是不爱，而是被一些东西遮住了眼，这些东西使我们忽略了爱情的美好。工作固然重要，但在工作之余，千万不要忘了腾出时间来陪陪你的爱人，因为那是比工作更重要、更宝贵的东西。

不是纵容，而是宽容

夫妻间的恩爱和谐，有时需要历经几年甚至几十年的磨合才能实现。婚姻幸福只是一个宽容的距离，很多人直到不惑之年才会明白：婚姻里是不需要讲道理的，只有适应与忍让！

新婚时，两个人都会觉得自己的婚姻生活像是掉进了蜜罐，情意绵绵，如胶似漆。可是蜜月一过，两人之间的怄气就会变成日常。出门七件事，柴、米、油、盐、酱、醋、茶，夫妻不懂宽容与忍让，伶牙俐齿，结果是大人闹、孩子哭，老婆生气了，不时地回趟娘家。男人一般都不会回自己妈家，于是只好独守空房。两人在床上辗转反侧时，也会思考，两口子能有什么大问题、大冲突。他们也不想离婚，赌的仅仅是一口气罢了。每当夜深人静时，夫妻俩都会为自己和对方莫名其妙地吵架而感到后悔。

婚姻经过岁月的磨砺之后，才会明白：婚姻其实就是两个人简简单单地过日子，繁杂的家务会填充家庭中的漫长岁月，男人会感到很累，女人会感到心烦；拌嘴与吵闹并不是因为感情发生了质变，而是为了发泄一下生活中的不良情绪……这些都是婚姻的常态，大多数夫妻都是这样过的。这时候只要记住一条原则就可以：忍一时天长地久，让一刻和和美美！

一个盲人每天都会路过一座桥，一过就是十几年。在他的印象中，桥下多半都是湍急的河水。一天盲人不小心从桥边摔倒，挣扎之下马上要掉到河里，幸运的是，他动作迅速抓住了桥的边沿。

盲人扯开了嗓子，大喊救命。这时候，旁边传来了一阵笑声："哈哈，你喊什么？放手吧，下面是平地，没有水。"盲人明白了。他慢慢地松开手，脚立刻就落了地。原来河里一点水都没有，河床上则被厚厚的沙土掩盖。

婚姻中一旦两人产生纠纷，多半都会生出不良情绪。有些夫妻年轻气盛，经常会纠缠不已，非要分个是非曲直、谁对谁错、孰高孰低，也就成了前面的那个盲人，不懂放手，觉得自己已经陷入绝境。而成熟夫妻一般都懒得吵架，即使一方唠叨个不停，另一方也会充耳不闻，或者左耳进右耳出。因为不反驳的一方知道，只要对方过了唠叨的劲头，很快就会风平浪静。两人结婚多年，多半都已经体会到宽容的作用，懂得忍让，所有的纠纷自然都能慢慢消散。

我曾经在公园中跟一对白发苍苍的老夫妻有过短暂的交谈，我问："你们年轻时吵架吗？"大爷回答说："吵呀，现在还吵。"当时的我感到异常疑惑，问："吵了一生的架？"大妈含蓄地答："是呀，但我们过得却不错。"两人相视一笑，我似乎在这眼神中，看到了多年的灵魂交融。彼此宽容一点，好日子也就不远了。

懂得宽容对方，吵架的夫妻才能幸福到白发苍苍。我明白了，老夫妻在拌嘴之余一定是渐渐体会到了什么是宽容，也懂得了如何设身处地去为对方着想，继而互相关照、互相体贴，才有了美满的生活。

夫妻间的矛盾和纠纷，不能讲道理，只能多宽容——这个道理朴实无华，几乎每个人都知道，但只有历经多年的磨砺方能够真正悟透。

如果将婚姻视为一杯清水，往水杯里滴入一滴墨汁，墨汁就会立刻沉入杯底，而此时杯中的水依旧非常清澈。将清水和墨汁隔离开也是一件易事，杯中水依旧清澈。可是，如果将手指伸入水中大肆搅动，杯底的墨汁便会上下翻腾，水很快就会变得浑浊，如果想恢复到原样，则需要花费较长时间。

完美的人是不存在的，每个人身上都有缺点。夫妻结婚多年，谈恋爱时的激情逐渐被平淡的生活所取代，彼此的缺点及不足就会暴露无遗。即使无法阻止墨汁滴入婚姻的水杯，也要不去搅动它，需要学会宽容。

当然，宽容对待对方，并不代表无休止的纵容。

学员李蕾过去做过舞蹈老师，经朋友介绍，认识了男友。之后，对方追了她五个月，她觉得对方很老实也对自己非常用心，两人正式恋爱。恋爱中，男人对李蕾百依百顺，从来都不会反驳她。可是，所有的一切都在两个人结婚之后发生了变化。

结婚之后，男人打算开个理发店。为了表示对丈夫的支持，李蕾将自己这些年的积蓄全都拿了出来。可是，理发店开起来了，生意却不如意。为了减少投入，老公便让她辞去舞蹈老师的工作，给他帮个手、当小工。李蕾同意了，但后来生意依旧不怎么好。

想到两人结婚时没办婚宴，李蕾想将这个店转卖出去，该还的钱还清，剩下的钱用来补办个婚宴。男人答应了，但是后来不知怎么就反悔了。

没结婚之前，男人答应李蕾婚后不跟父母在一起住，小两口搬出去单独住。但是，这个诺言也没有实现，还跟他父母住在一起。每天都要在理发店工作12小时左右，没有休息时间，李蕾晚上回家还要为全家洗衣服做饭。

男人喜欢喝酒，每次喝醉之后还会对李蕾家暴；李蕾回来晚了一点，男人就对她拳脚相加。即使是当着顾客的面，也不会顾及她的颜面，随口就骂。

男人还限制李蕾的自由，平时不容许她有什么社交，即使是同学的婚礼，男人也不让她去。但是他却经常跟自己的兄弟出去喝酒，回来晚了，她只要提一两句，他就又开始打她。

即使是这样的婚姻，李蕾依然不想轻易放弃。坚持了两年，感情无法挽回，才离了婚。

离婚后，李蕾发愤图强，重新捡起她之前放下的工作，努力摆脱离婚的影响，认真经营自己，生活变得越来越好，即使结过一次婚，身边

的追求者依旧不少。

说实话，我对李蕾的第一段婚姻是不屑的，这样的男人实在是太恶劣了。但是我一点都不同情李蕾，不是因为她做得不够，而是她做得太好，错把宽容当作了纵容。正是在她的纵容下，男人才出现了一系列恶行。

虽然我们鼓励包容，但一定要明确纵容与包容的界限。在婚姻中，打人是底线，一旦触及底线，就不能再忍了。家暴开始后，如果不阻止，慢慢就会成为一种习惯。这个男人的情商明显有些低，容易冲动，店里生意不好，没有积极想办法加以解决，而是将这种压力发泄到了自己老婆身上。或许，理发店之所以会经营不好，还可能与他的差脾气有关，谁会喜欢到一家老板脾气不好的店里消费？而这一点，他可能根本就没有意识到。

但是，最重要的原因还是李蕾。男人之所以结婚之前对她百依百顺，主要是因为，恋爱时女人有自己的生活，她是独立的，有自己的事业，有自己的朋友。她的生活里除了男朋友，还有自己的空间，有许多选择。这样的女人，会让男人产生一种紧迫感，因此为了获得对方的好感，他只能加倍地疼爱与珍惜她。

婚后，女人放弃了自己的工作，失去了生活与独立的人格。说得难听点，她自己都没给自己足够的尊重，男人如何会尊重她？这样的事情在生活中还有很多，许多女人都说，结婚之后或被追到手之后，自己在老公或男朋友的心里就不值钱了。其实，并不是男人让你贬值，而是你让自己贬值了。

不要被激怒，而是去感激

懂得欣赏对方，保持一颗感恩的心，是夫妻相处及经营家庭氛围的重要保证。如果想营造一种和谐的氛围，就掌握彼此的情绪；因为只有掌握了情绪，才能掌握未来。

掌握情绪其实就是，不将自己的注意力集中在对方的缺点上，要多看对方的优点；争吵时要多些自省，不要斤斤计较。相遇就是缘分，任何人都不对你有义务，都不必对你百依百顺；如果有人无条件地对你好，要懂得感恩。

有个男人觉得自己的太太非常凶，自己难以忍受。他不想总是这样被太太压着，想找个先知教导他怎样驯服自己的妻子。最后，他打听到先知居住的地方，赶紧去找先知请教。

男人千辛万苦来到先知家，在门口发现：先知的太太正在骂他，比自己太太还凶。他本来是要去请教的，却发现先知比自己还惨。看到对方家庭战争结束，他挑了个比较适当的时机来到先知面前，用怜悯的眼神看着先知，仿佛在说："啊，兄弟，你比我还惨。"

先知说："其实，我太太只是有时候脾气大一些。她对我很凶时，我也想把她凶回去。但是心里一想，这个女子如此信任我，把自己的终身都托付到我身上了，这需要多大的勇气，她对我多么的信任！然后，她又帮我生了这么多孩子，简直是太辛苦了。后来，她又把孩子们辛苦拉扯长大，我的爸爸妈妈也都是她在照顾，家里的大小事都是她在张罗。

是她让我专心自己的事业，让我没有后顾之忧。这么多年走来，我只要一想到这些，就什么气都没了。”

男人心里受到震颤，想起了太太对自己的好。

生活需要感恩之心来创造，而感恩之心又需要生活来滋养。感恩是一种积极的生活态度，是一种善行，要对生活保持一颗感恩的心，更要对婚姻中的另一半多些感恩。

很多人都有一种思想误区，总觉得对什么人都要心怀感恩，唯独对自己的爱人却不用客气，认为夫妻之间，为对方的付出是天经地义的。其实，不然！要将另一半的付出记在心里，并回报同样的付出，因为任何人都不会一直无条件地付出。

人是感性动物，既然活着，就要学会感恩，特别是要感恩缘分把一个素昧平生的人带到自己身边、成为自己的人生伴侣。

心怀感恩，才能更加珍惜当下。我们要心怀感恩，有意识地将感恩变为生活中不可缺少的部分，如此生活中就会少一些鸡毛蒜皮的烦心事，就会少一些争吵，就不会说“如果你爱我，你就会如何如何”类似的话了。

夫妻之间，要慢慢养成感恩之心，不要凡事都要争个高下，要在对方为自己做了某件事后表示感激；即便是一件不起眼的小事或举手之劳的小事，也应该表示出自己的谢意。有时，一句看似非常普通的“谢谢”，也会结出最芬芳的果实。

很多男人只有在结婚后，才能明白什么是真正的长大成人；只有有了老婆的人生启蒙及责任教诲，才会真正懂得“家”这个概念；只有经历温馨的感受及爱的积累，男人的人生才会变得充实丰满，男人才能真正懂得做人的基本道义，才能知道自己真正需要的是什么……夫妻之间懂得感恩，就能养成淡泊的生活态度、平和的心态，在遇到困难或产生矛盾时，才会懂得用宽厚仁爱的心去面对，积极想办法，加以解决，维持夫妻之间美满的生活状态。

懂得感恩才能知福，唯有知福才会惜福。将对方的付出当作理所当然，你会得到更多的失望；但是，假如你将生活当作一份天赐的礼物，生活也会回赠你以礼物。

有人说，爱情到最后都会变为亲情。婚姻的开端是爱情，但加上感恩珍惜的催化，就会逐渐将脆弱易变的爱情升华为坚定不渝的亲情。在携手同行的几十年岁月中，即使偶尔遇上狂风暴雨，有了亲情的坚强后盾，也可以轻松化险为夷。

夫妻之间不论恩，一旦失去了为人应有的永恒价值，即使自己的生活过得如何风花雪月，也只能像过眼云烟一般只贪享一时之欢了，与幸福永远绝缘。婚姻中，要怀着感恩之心，唯有如此，才能看到别人的付出，看到自身的不足，从而更加懂得珍惜，更加珍惜眼前已经拥有的幸福。

一定要感恩对方，因为是对方陪你走过了这漫长的岁月，是他／她让你懂得了什么是爱，是他／她让你明白生活的美好；是他／她在你迷茫时，用一番真诚的话语带你找到那迷路的心灵，是他／她抚慰了你疲惫的心，是他／她用温暖的眼神唤起你对生活的无限期待。

婚姻中，双方都怀有一颗感恩之心，就可以多一些理解、信任和感恩，你就会觉得周围的人非常懂你，非常知心，非常亲切，自己的身心也会因为这些美好的字眼而变得更加健康与愉悦。

爱是相互的，要用颗感恩的心爱对方，让对方有个充足的空间，让彼此都能感受到家庭的温暖，感受到婚姻的幸福。

不要掌控，要尊重

一天，一个即将结婚的 90 后问我："你觉得婚姻里最重要的是什么？"

我告诉她："尊重。"

为何这样说呢？很简单：只有懂得尊重，才有资格说爱。不尊重彼此，无论爱谁，都是在折磨对方；没有尊重，你们的结婚很容易成为一场灾难。

在周星驰主演的电影《美人鱼》中，美丽、性感、多金的完美女人若兰仅用一句话就成功地把刘轩推到了珊珊的怀里，这句话是"你有低贱基因"。说这句话时，若兰在生刘轩的气。但是，生气时说的话，往往才是心中隐藏最深的感受。显然，自觉高贵的若兰骨子里是看不起暴发户刘轩的，她觉得这个男人很低俗。即使最后没有珊珊，我觉得若兰与刘轩也无法修成正果。刘轩又不傻，为什么要找一个骨子里瞧不起自己的女人，找罪受吗？

婚姻中，男人更需要被尊重，因此一定要尊重他本人，尊重他的感受与意见；在家里，要对他温柔一点儿，说话要注意分寸；在外面，要给他留足面子。如果你不知道如何尊重另一半，就想想自己在单位是如何与领导说话的，只要直接复制到自己的老公身上即可。

有一次，我到朋友小周家做客。席间，小周一直都对她老公呼来喝去的，一会儿喊："老李，我不是告诉你用那套骨瓷餐具吗？你这是什么记性？"一会儿又喊："老李，你怎么把水果摆在那里？一碰就都掉下来了。"老李长得很憨厚，对妻子的话都是憨憨一笑。但在我抬头时，也可以明显感到老李神色的不悦。

吃完饭，我想帮忙收拾一下桌子，小周一把按住我，冲老李喊："你去，你去。"趁着老李洗碗的空当，我委婉地对小周说："你家老李的脾气真好。"她不在意地说："哎，他干啥啥不行，就是一个窝囊废。别人家的老公都年薪百万了，他一直都不挪地儿，也就剩下脾气好这么一个优点了。"

我劝小周，别对自己的老公太随便，至少在外人面前要给他留些面子。假如在老婆那里得不到该有的尊重，男人多半都到其他女人身上去寻找。可是，小周没把我的话当回事，任性地说："谁看得上他？他还敢翻天，能耐了他？"让小周没想到的是，后来老李真的翻了天，跟单位里一个对他十分崇拜的女实习生好上了。

还有一对学员夫妻，他们离婚的原因非常简单。婆婆是农村人，妻子总觉得婆婆的卫生习惯不好，表示出明显的嫌弃。每次婆婆走后，她都会将婆婆用过的床单、被罩、枕巾、沙发垫、拖鞋都扔掉，重新换一套。丈夫觉得她不尊重自己的家人，最后便离了婚。

想跟男人离婚，最快的办法就是打击他的自尊，每天都不断地指责他、嘲讽他、贬低他、侮辱他、挖苦他，不出几个月你就可以得到自己想要的结果。

当然，在婚姻里，不仅男人需要尊重，女人也需要尊重。但是，大男子主义的男人，是不在意这一点的。

表妹小菲与妹夫谈恋爱时，妹夫天天做护花使者，嘘寒问暖，车接车送，风雨无阻。情人节时，他给小菲送999朵玫瑰；求婚时，他在小菲单位门口当众下跪送出钻戒，浪漫得像是一出偶像剧。两个人爱得轰轰烈烈，之后他们结了婚。

结婚之后，小菲慢慢发现，骑着白马而来的不是王子，而是唐僧。妹夫是个非常自以为是的人，买房与装修都是家庭中的大事儿，但他居然一声招呼都没打，便全自己办了。小菲问起，他只说要给老婆一个大惊喜。

小菲怀孕时，妹夫自作主张地把自己妈妈接来照顾孩子。之后几年，婆婆与小菲每天都在为争夺家里的主权而争吵不断。

有一次，妹夫的哥们儿做生意有20万元的缺口，妹夫没跟表妹商量，就将钱借给了对方，一声没吭，连张欠条都没打。表妹知道后，非常生气，哭着问："这是我家吗？这还是不是我的房子？还是不是我的钱？你做什么事情，都不征求我的意见。我是你的妻子，又不是不相干的人，跟我提前说一句这么难吗？你懂不懂尊重我？"

可是，妹夫非但不认错，还理直气壮地说："我是一家之主，家里的大事都是我说了算。你在家专心带孩子就行，操那么多心干什么。我这么爱你，看都不看别的女人一眼，你还有什么不满意的？"

后来，两人离婚。表妹又找了一个男人，这个男人虽然没有前任那么浪漫，也没有那么帅，但是懂得尊重人，家里什么事情都与表妹有商有量。

吃年夜饭时，你辛辛苦苦炒菜、包饺子累得满头大汗，吃饭时却不能上桌，他觉得这是理所当然；你想实现自己的理想与抱负，他却觉得你做的一切都是白费工夫；你说的话，他从来不走心，都当作耳边风，甚至有时还会跟你对着干；孩子的事，不让你插手，一句话说不对，张嘴就是骂，抬手就是打……不懂得尊重对方的婚姻，简直能将人折磨死！

假如伴侣不懂得尊重你，就要勇敢地从他那里索要尊重；如果与伴侣相处时，你忘记了尊重，也要赶快改正并弥补一下。夫妻双方是平等的，他/她是你的伴侣，不是你的附属品、孩子、下属、奴隶。在婚姻里，你们有着同等的地位，有着同样的权利，你们的生命一样珍贵！

第三章

“养情”养性：夫妻情缘修炼法

泰勒为什么不幸福

伊丽莎白·泰勒，是世界影坛最灿烂的瑰宝，是美国电影史上最具有好莱坞色彩的人物之一。她纵横好莱坞60多年，有好莱坞“常青树”、好莱坞“不败花”及“世界头号美人”之称，特别是她那双漂亮的蓝紫色眼睛更是迷倒众人。伊丽莎白·泰勒，是史上第一个薪水超百万美元的女演员，两次获得奥斯卡金像奖。

公众的目光永远追随着她，她的魅力长久不衰，对于她的婚姻人们也是津津乐道。自18岁步入婚姻殿堂后，伊丽莎白先后一共结过八次婚，其中最受人瞩目的是她与理查德·波顿的两次婚姻。

18岁

1950年5月6日，泰勒结婚，婚礼在洛杉矶的好牧羊人教堂举行，米高梅公司的老板L.B. 梅耶尔亲自主持了这场婚礼。婚礼操办得非常豪华，当年的泰勒才刚满18周岁，23岁的新郎尼克·希尔顿是个出身名门的富二代。

但是，没过多久，这场婚姻就走到了尽头。原来，尼克是个纨绔子弟，整天都泡在牌桌上，稍不如意就穷凶极恶地对泰勒拳打脚踢。泰勒忍无可忍，同年12月22日向法院起诉，决定离婚。

20岁

泰勒被演员迈克尔·瓦尔丁的魅力所吸引。瓦尔丁是一位非常有涵养的艺术家，比泰勒大 20 岁。结婚之后，泰勒先后产下两个儿子。但是，瓦尔丁是个身无分文的穷演员，他们家总是入不敷出。两人的婚姻无法继续经营下去，1956 年 7 月开始正式分居。

25 岁

泰勒的第三任丈夫迈克·托德是个才华横溢的电影导演，比泰勒大 25 岁，也是《环游世界 80 天》于 1957 年获奥斯卡最佳制作奖的获得者。婚礼于 1957 年 2 月 2 日在墨西哥的丁夫拉斯别墅中举行。迈克的脾气比较刚烈，但泰勒就喜欢他这一点。1957 年 8 月 6 日，泰勒为托德生了一个十分漂亮的小女儿。1958 年 3 月 21 日，托德乘坐自己的私人小飞机去纽约，途中遇到浓雾，飞机坠毁，机上乘客全部罹难。

27 岁

托德离开后，为了防止悲痛与发生意外，托德的好友艾迪日夜守护着泰勒。随着守护时间的逐渐增多，两人之间产生了一种微妙的情愫，艾迪有时甚至彻夜不归。1959 年 5 月 12 日清晨，拉斯维加斯法院批准了艾迪与妻子黛比的离婚申请。同一天，泰勒与艾迪在公证处举行了一个小小的结婚仪式。

30 岁

1962 年拍摄《埃及艳后》时，扮演埃及女王的泰勒一看到扮演安东尼的英国演员理查德·伯顿就动了心。拍摄结束后，两个人将银幕上的爱情复制到了现实生活。1964 年 1 月 14 日，泰勒向法院提出了与艾迪离婚的申请。1964 年 3 月 15 日，泰勒与理查德在加拿大蒙特利尔一家旅馆里简单地结了婚，婚后的生活就像他们演的电影一样也充满了戏剧色彩。结果在 1974 年 4 月 25 日，两人一起向新闻界公布了一个"终止婚姻"的声明。

43 岁

1975 年 8 月 20 日泰勒与理查德决定复婚，他们来到小国博茨瓦纳的蛮荒狩猎区，让当地的一个行政长官来主持了他们的婚礼，在场的见证嘉宾则被限制在相对安全的距离外。嘉宾分别是：两头河马、一匹花豹、一头犀牛，还有一群乌鸦。结果，复婚后好日子才过了不到一年，伯顿就开始酗酒、殴打泰勒并且还到处拈花惹草，泰勒再次提出离婚，1976 年 7 月 29 日申请得到法官批准。

44 岁

与理查德·伯顿离婚后，泰勒想过一种安静祥和、甜蜜温馨的日子。这时候，一个名叫约翰·华纳的体面单身汉出现在了泰勒身边。华纳在 1972 年当过海军部长，在自己的家乡吉尼亚利弗拥有 3000 公顷农田，非常富有，甚至还有一所带有温泉游泳池的私人别墅。1976 年 12 月 4 日泰勒与华纳结婚，这所别墅的女主人就成了泰勒。1978 年 11 月，华纳入选美国参议院，泰勒又陷入到空虚、寂寞、孤独的深渊。1982 年 11 月 5 日，他们的离婚判决公布于世。

59 岁

1991 年 10 月 6 日，59 岁的泰勒宣布又结婚了。新郎比泰勒小 20 岁，是洛杉矶的一名卡车司机，名叫拉里·福坦斯基。他们在贝蒂·福特医院治病时认识，两人一见倾心。之后在泰勒好友的加州牧场举行了婚礼，但好景不长，这段婚姻也于 1996 年结束。

经历了八次婚姻，泰勒都没有找到自己想要的幸福。除了客观因素外，我觉得，更多的原因还在于，泰勒不懂得好好经营自己的婚姻。

婚姻是一种修行，在婚姻里修行，学问足够深刻，也足够长久。例如，需要包容彼此的缺点，需要接受对方的一切。对于女人来说，要学会哄自己的男人；对于男人来说，则要宠爱自己的女人。如果生活富有，就不要把幸福放在金钱上；如果生活比较拮据，就不要放弃对美好生活的追求。

不论面对什么情况，不论眼前的路怎样坎坷，只要时刻修炼自己的心性与行为，就可以在婚姻里迎来幸福的曙光，等到幸福的光临。

日久生情才是真缘分

爱情有两种形式：一种是一见钟情，两人四目相对，刹那间电光石火，情愫暗涌。而后一日不见如隔三秋、茶饭不思，甚是想念。另一种是日久生情，两个人之间的爱情来得比较晚，平平淡淡、日积月累、细水长流，突然有一天机缘巧合，厚积薄发、情投意合、恍然大悟。

一见钟情与日久生情到底哪个更靠谱？有人觉得，一见钟情太过肤浅。为了提高说服力，甚至还用张爱玲的小说《封锁》来证明：在上海的一部封闭电车上，人潮涌动，男女主人坐在一起。两人挨在一起，说了很多闲话，聊着聊着，空气中竟然产生了些微妙的化学反应。男人说："我老婆不重视我。"女人想："家人一直都想让我找个高富帅，今天我偏要找个有妻子的、长相丑的男人，做他偏房。"随着了解的深入，他们甚至产生了私奔的想法，两人的胳膊在人群中似有似无地相互触碰。可是，在电车门慢慢打开的瞬间，两人都像忽然清醒了。电车到站的声音响起，下车时便自然分手。

在无惊无喜的平淡生活中，封闭电车就像两个人逃避生活的港湾。在这里，他们可以暂时忘却现实生活的烦恼，抱着一点点幻想做起了白日梦。但是仅凭这一点就说一见钟情是肤浅的，依然不充分。这不是一见钟情，只是在令人窒息的生活状态下的一次欲望释放与满足。

我的一个初中同学与她的另一半上大学时一见钟情，毕业就结婚，这么多年了依旧非常恩爱，感情好得令人羡慕。但是，也并不是所有的一见钟情都这么靠

谱。尽管越来越多的人都戴上了眼镜，但大多数人的爱情之眼都是高度近视眼，一见钟情是经不住时间冲刷的。

学员谷越，29 岁，本科毕业，一线城市的公司白领，与老公在一次同城交友见面会上一见钟情。彼此看见对方的那一刻，两人眼睛同时亮起。他俩都是俊男靓女：男人个头一米八，英俊潇洒、仪表堂堂；女人一米六，窈窕可人。两人结婚两年，没要孩子。结果，男人却喜欢上了长他 3 岁的女同事。女同事对他照顾有加，两人日久生情。

长期以来，关于爱情中一见钟情，还是日久生情，哪种更加靠谱、更值得人托付，人们一直争论不休。不过，从心理学的角度来讲，日久可以生情，这是有科学依据的。实验表明：在男人完全不认识照片中女人的情况下，把照片中的几张拿给他看，让他多看几遍。就会发现，比起看的次数少的人，他们都会对见的次数多的照片中人更有好感。

人，是世界上最复杂的动物。张爱玲在她的小说《封锁》中写道："这世界上的好人比真人多。"生活在这个世界上，很多人都戴着多副面具，习惯做一个好人，却往往不会做一个真人。因为，谁也不能够保证两个人在相爱之初爱上的人究竟是不是最真实的。虽然也会经历太多的浪漫，但一旦情节随着时间的推移而慢慢展开，双方都会大声控诉着对方："你怎么变成现在这样？根本就不是我原来认识的那个人。"其实恰恰相反，并不是对方变了，而是他只不过是刚刚褪下了自己的面具罢了。

恋爱中，为了赢得对方，很多人都会"装"，可是不可能装一辈子，总会在日常生活中把真实的自己暴露出来。

我曾经给一个好朋友介绍过一个男生，相亲回来我问她感觉怎么样。她觉得，对方个子有点矮，谈吐也不幽默。我劝她："身高不是硬伤，再处些日子，才能知道合不合适。"她推脱道："没办法，他不是我喜欢的那种类型。"听了她的话，我心里便明白了，这是没有眼缘。后来机缘巧合，两人居然成了同事，日久生情，最后竟然在一起了，结成了夫妻。

确实，日久可以生情！随着了解的越来越深，就会看到对方非常可贵的地方，从不起眼，甚至还有些讨厌，逐渐转变为赏识再到后来的喜欢，然后一切都水到渠成。经不起时间考验的不见得都是不好的，经得住时间考验的却一定是好的。单从这一点上讲，日久生情就更胜一见钟情一筹。

爱情自有一番柔情，是两个人在举手投足、只言片语中逐渐累积出来的，那种慢火煨炖的有滋有味，又是大火爆炒所不及的。所有的爱意都存在笑眼中，在话语停落之后的回响中，在为对方做的一饭一菜里头。每天多做一点点，肉眼虽然看不出来，但日子就会一天比一天充实晴朗，另一半也会一天比一天舒心如意。

日久生情，即使没有激情澎湃的时刻，也会令人感到舒服。就像是一双穿过多年的皮鞋，尽管样式老旧，颜色不艳丽，穿起来依然会感到舒服。就凭这样一种舒服，完全可以胜过千双万双鞋子。东扔西丢，却依旧舍不得丢下这一双。因为大家都明白，好看时髦的鞋子有钱就可以买，而合脚的鞋子却是可遇而不可求的。

性格迥异的两个人如何相处

恋爱时，屈指可数的几个重要条件中就有“性格是否合适”这一项。分手时，排名第一的原因也常常是“我们性格不合，还是算了吧”。当男女之间近距离相处时，最容易引发冲突的还是性格。

让我们试想一下，如果丈夫是个急性子的人，而妻子却是个慢性子，两个人生活在一起会如何？我们不能说两个人一定不合适，但是大部分案例却告诉我们：急性子的丈夫看到做什么事都不着急的妻子，一定会急躁不安，甚至会气不打一处来；而慢性子的妻子看到对什么事都心急火燎、冒冒失失的丈夫，也会不顺心。家庭中，夫妻因为性格不合而爆发的战争，频频出现。

笑笑和春明刚认识时，家人都说他们就是天造地设的一对，很般配。笑笑性格内向，春明则豪爽仗义，家人认为这样的两个人正好能互补，笑笑在外面也不吃亏，春明的性格也会在笑笑的影响下而变得收敛。但是这两种截然不同的性格，导致结婚之后两人之间问题频频，笑笑三天两头就闹着回娘家，回了娘家也不愿意与自己的父母说实情。

现实生活中，像笑笑和春明这样性格迥异的夫妻有很多。许多看似性格互补的夫妻，却不知道该如何相处，使得这种优势变成了一种劣势。

朋友之间，话不投机半句多；夫妻之间，朝夕相处同舟共济。婚姻离异的缘由，说来说去，除了少数的是因为个人的原因之外，绝大多数是因为两个人性格不合。所以，要想防备婚姻的变质，就要着眼于夫妻性格不合的矫治。

调查显示：妻子吵架排名前三的原因是——性格，生活态度，在家庭里的作用；丈夫吵架排名前三的原因是——性格（急躁、发牢骚），在家庭里的作用，生活态度。显然，性格是夫妻争吵的罪魁祸首，尤其是“急躁”这个因素。至于会不会持家、会不会做家务等，都退居其次。

人们经常说“性格决定命运”，其实夫妻关系又何尝不常为性格所左右？但也不是说，性格迥异的人就无法做夫妻，最关键的还是如何相处。不要试图“改造”对方，要通过调节、适应及融合来减少或克服双方的摩擦。

性格不同的夫妻，相处起来通常会使用下面一些方法：

1. 交换角色，互相体谅对方

性格直爽的丈夫与做事犹豫的妻子，或思想前卫的妻子与因循守旧的丈夫，生活在一起，由于处事方法不同，很容易发生争执。为了避免这种没有意义的争吵，在生气时、怒火还没完全上来之前，就要站在对方角度想问题，或者双方互换角色试试看。当然也可以，丈夫模仿一下妻子吵架的模样，妻子模仿一下丈夫生气的模样。一旦看到自己不理智时的样子，不论是谁，都会破涕为笑。

2. 正确评判另一半的性格

任何事物都有两面性，人的性格也是如此。不仅要看到配偶性格好的一面，也要善于发现对方让你感到苦恼的那部分。然后，委婉地告诉对方，想办法让对方意识到自己的这个行为可能会让你苦恼，尽量克服不好的一面。例如，妻子花钱大手大脚，而你却十分节俭，就可以与妻子一起约定，家中多少钱以上的开支需要双方一起商定。

3. 主动寻求自我解放

人非圣贤，孰能无过，对外人的错误尚且可以原谅，怎么就不能原谅配偶的错误呢？多些理解，不仅能使自己过得快乐，还能避免让你们的感情陷入沼泽，因此不要过于苛责对方。

恋爱阶段，人们多半都会接受对方的性格，一旦结合在一起，就会产生同化配偶的心理，总希望对方为自己做些改变。婚前婚后这种大相径庭的心理，是造成夫妻感情矛盾的主要原因之一。意识不到这一点，就没办法维持幸福的婚姻。因此，夫妻双方应该把自己解脱出来，不能强求对方为自己改变，要多看对方身上的优点，获得新的统一。

除此之外，假如你真的不能忍受对方的脾气，就理性地告诉他：如果你改不了，我也没有办法。这时，要冷静思考一下，对方身上的闪光点是否可以抵消令你感到反感的特质。

每个人身上都不可能都是缺点，假如答案是肯定的，那我就想问问："你当初是眼睛有问题吗？为什么会选择他？"发现了对方身上的闪光点，就要把这种抵消反感的东西逐渐扩大，逐渐扩大你对配偶的好感。从配偶身上"借"一部分你没有的性格，并融到自己的性格中，你们的生活多半都会变得更加美好。

婚姻似道场，相让是禅机

幸福婚姻的法则之一是：相爱更要相让。

生活中，很多开始时过得幸福美满的男女，最终却要面临分手。不是因为他们不相爱，而是因为他们不懂得相让。相爱，就要相让。我之所以要让着你，是因为我爱你；我吃一点亏没事，因为你是我最亲的人。要想让婚姻关系美满地继续下去，不但要彼此相爱，更要彼此相让。

最开始谈恋爱时，可欣觉得李涛的脾气一点都不好。李涛性格火爆，基本上是一点就炸；可欣自小被父母娇生惯养长大，脾气也不太好。

母亲曾经对可欣说：“他脾气不好，婚后要多让着他一点，否则到时候你也会跟着生许多气。”那时候，可欣没有往心里去，感觉李涛对她还不错，情况总不至于如此严重。

两个人走到一起也非常不容易，不知生活深浅的他们常常满怀信心，相信一定会幸福。然而，当两个人真正生活在一个屋檐下，彼此的生活空间突然变大了、自己的独立空间变小了，之前隐藏的那些坏习惯与小脾气也都逐渐跑出来。甜蜜与幸福一瞬而逝，只留下各种不满与烦躁。于是，为了鸡毛蒜皮的小事，两人总是吵架，有时甚至可以吵好几天，亲密的感情则被无休止的争吵冲淡。

冬天时，可欣和李涛又爆发了一场大战。这场战争的原因是，可欣给老家表妹结婚的份子钱超出了预支，其实她已经后悔了……但李涛居然说她虚荣。可欣觉得，结婚后自己不仅成了房奴，还不戴钻戒、不穿貂，甚至买把青菜都要货比三家，还被说成虚荣？吵到最后，可欣愤怒地说："不要吵了，直接离婚吧。"

可欣不知道，他们之间究竟是哪里出了错。毕业四年后他们才一起来到这个城市，为了她，他甚至放弃了保研；为了他，她拒绝了几次升迁……时间没有改变他们，空间也没有阻隔他们，世事的各种诱惑都没能拆散他们，现在却让生活琐事把他们打击得千疮百孔，可欣不甘心。假如真离了，她这辈子恐怕都不会再相信一个人了，因为毕生的情感都已经透支给他了。

可欣把这件事情告诉了闺蜜，闺蜜当即问她："你确定自己爱他吗？"可欣毫不犹豫地说："确定，这辈子我再也不会为另一个人付出这么多爱了，也再不会爱上别人了。"

闺蜜轻轻地说："爱他，就让着他点。""凭什么呀？凭什么凡事要我迁就他？"闺蜜耐心地对可欣解释："少一点执着心，一定要等到你们离婚之后才懂得相亲相让，就太晚了。相让即相爱。"

相让即相爱。这句话让可欣醍醐灌顶，一下子敲醒了她……她当即做了一个决定，给婆婆打电话说："妈，你和爸准备一下，老家天气冷，冬天来我们这里住吧。这房子也算你们买的，装修完了您二老总得过来瞅瞅吧。"

在这之前，李涛曾经提议："买这房子掏空了二老一生的积蓄，等到房子装好了，接他们来过冬。爸妈身体不好，都有风湿病，北方的冬天多遭罪。"可欣不想和公公婆婆一起住，一直没有同意，这个问题就这样被搁置。可今天，可欣突然想清楚事情不应该这样处理。

婆婆接到可欣的电话，在那边感动得直哽咽："哎呀，知道了，知道了！"隐约间却听到公公在一边说："不去，咱过去给孩子添麻烦。"

晚上李涛下班回来，可欣郑重地与他谈起这件事，语气严肃：“我已经把火车票给爸妈订好了，下周他们就到了。他们会来咱们这边住段时间，我必须在离婚之前尽尽孝。”

“老婆，你还真要离呀？爸妈来了，我如果装不出高兴的样子，你可别怪我。”

“我这个儿媳妇都可以装出来，你装不出来？”

“啊，老婆，你真要让我爸妈来呀？”

可欣斜眼看他一眼，目光里带着挑衅：“怎么？有意见？”

李涛高兴地一把将可欣抱起，直接吻过来，边吻边说：“没意见，没意见。”

李涛抱得太紧，勒得可欣有些疼，她竭力地挣脱，他依如往日般诙谐：“不松手。这么好的媳妇一撒手就没了。”

可欣靠在他怀里想：这就是幸福吧！原来相让即相爱。

晚上，李涛打开电脑，可欣本来想要张嘴训他，但是转念一想就自动闭嘴了，然后洗了脸、刷了牙，给他倒了洗脚水……

李涛突然把她抱过去，原来他点开的竟是她最近看的韩剧，不但不讥笑她白痴了，还陪她一起看。

如若把婚姻比作双方修行悟道的道场，那么彼此相让就是其中的玄机。婚姻解体不仅是因为双方没有了爱，更多是因为婚姻里的男女不善于经营感情，不懂得包容彼此。

家是一个讲情的地方，何须论短长？幸福不是赌博，不论谁输谁赢，都不会获得真正的幸福。少说一句抱怨的话，也许就能让婚姻生活变得美满幸福。

相爱更要相让，这才是幸福婚姻的法则！

婚姻如车灯，请开近光

结婚之后，男人才发现，妻子竟有那么多缺点，比如：起床后不喜欢叠被子，任被子散乱地放着；炒菜时，鸡蛋皮撂在灶旁边不管；书桌上，总是乱七八糟的……男人无法理解，感到难以接受。

他虽然是个男人，但从小就一直保持着良好的卫生习惯，什么东西都会收拾得井井有条、有条不紊。看老婆如此邋遢，他心中有火，一天到晚唠叨个不停。男人在一边唠叨，女人也不好受，异常烦躁之下回敬说："你一个大男人，总这么唠叨，干吗！"这天，男人被单位外派出差。妻子说："你赶紧走吧，省得我一天到晚在家听你唠叨。"男人也说："我这就走，这个邋遢的家我真是一天也不愿意待下去。"

女人感到很委屈，不甘示弱："你最好永远都不要回来。"他也发狠："不回来就不回来。"他生气地出了门，两个人不欢而散。

女人是个出租车司机。晚上开着车正向前行驶，忽然对面驶过来一辆轿车，远光灯亮得跟探照灯似的，眼前亮光一片，她心里直犯迷糊。

开车上路，女人最怕的就是对面一直开远光灯。驾照怎么考的，为什么不开近光灯？她暗自抱怨着，并熟练地操控车灯，远近灯光不断变换着向对方示意。平时，在如此频繁的示意下，对方就会把车灯调成近光。谁知今天碰上个愣头青，对示意完全不理会，一路远光灯呼啸而过。

女人的车子惯性地往前行驶，陡然一顿，车外"哎呀"一声。她赶忙下车查看，一位中年妇女已经被撞倒在地。眨眼工夫，那辆轿车已经与之擦肩而过，一溜烟开远了。女人不明不白地成了肇事者，她将伤者送往最近的医院。经过大夫的认真检查，被告知妇女腿骨轻微骨折，为赔偿金的事，家属不停地闹，家里像是炸了锅。女人只好给男人打电话。

看到急匆匆赶回来的男人，女人暗想：出了如此大的事，这回还不被他唠叨死呀？果然，他又开始唠叨。但同时，却挺身而出，站在她前面，替她挡了不少波折。男人拿出家里所有的存款，又跟同事借了一点，总算把这件事挡了过去。

女人自知理亏，一言不发地听着他的唠叨，反而感动得掉下了眼泪。她茅塞顿开，他们俩就像是开着远光灯的两辆汽车，彼此只照见了缺点，针尖对麦芒，伤心，伤感情；一直这样继续下去，婚姻早晚“出车祸”。

男人像之前一样不停地唠叨，女人把他的唠叨当作了投射过来的远光灯，没有不耐烦，而是适时地打开了近光灯，默默地聆听。虽然她嘴上不说，但是男人出差一走，她还是挺牵挂他的。她知道，自己有时候确实很邋遢，丢三落四，一直改不了。而他虽然唠叨，但是唠叨的同时一直都在为她收拾。以前爸妈会为她收拾，现在老公为她收拾，这样想来，听几句唠叨也觉得幸福。

看到女人不反击也不还口，一副小女人的委屈样，男人反而心疼了。她虽然做事有点不拘小节，但却是爱他的。他有洁癖，从不让别人碰自己的东西，只要有一点变化，他就会不依不饶地唠叨上半天。每次他唠叨，她都会不满地表示抗议；但为了给他织一条围巾，她可以通宵不睡。他非常感动——有她，家才温馨。

伤者出院时，两人将问题想透了，暗自发誓要做些改变。她慢慢地学着收拾，虽然还有不尽如人意的地方，但是她的努力他看得见。他下班回家也不像之前那样唠叨了，而是会坐下来陪她聊聊天。他们的家依然邋遢，依然会听到唠叨，有趣的是，变邋遢的是他，变得越来越唠叨的人则成了她。他们再也没有像以前一样拌过嘴，总会给予对方宽容的微笑。

婚姻关系就像车灯，女人和男人都学会了适时地打开近光。

生活中，很多人都喜欢唠叨，这是因为：他们感到压抑、不满、不安全，抱怨、委屈，唠叨只是他们发泄的一种方式。有时另一半会觉得十分不解：一件事情，说一遍就行了，反复说有什么意思？反复说有什么作用，又解决不了任何问题。其实，总是唠叨一件事情，并不是为了寻求解决方法，而是在享受唠叨的过程，这是他们发泄的一种方式；只要说出来，对方的心里就会好受许多。

婚姻中，男人会把家当作栖息地港湾，女人则会把家当作一个能够容纳自己所有心情的空间：快乐时，家就是个安乐窝；烦恼时，家就是一个出气筒。这时候，另一半只要倾听就可以了。

可以容忍唠叨的一方不一定是个好丈夫（妻子），但是一个好的丈夫（妻子），必然可以善待一方的唠叨。甚至有的人还将能否接受唠叨作为婚姻一方的一项“必修课”，认为只有接受一方的唠叨，才能营造和谐的婚姻。一方唠叨时，如果另一方表现得十分不耐烦，或粗暴地打断，都会让一方觉得很受伤害，也会让夫妻之间的感情受到伤害。当你体谅了对方的不容易，多给对方一些关心与体贴，多一些赞美和倾听，就会慢慢发现：处在幸福里的人会变得温柔与懂事，唠叨也会逐渐变少。

婚前挑缺点，婚后看优点

有一位婚姻专家曾说过这样一句话：“婚前挑缺点，婚后看优点。”女人的一句赞美，就算是反应迟钝的男人，也会在这一哄一捧中找到自信。

也许，你会说这样的哄和捧多少含有泡沫的成分，不真实，那什么才是真实呢？和谐的关系不真实吗？正是这美丽的泡沫才恰到好处地弥补了男人心中那与生俱来的人性弱点。

赞美的话，会让男人变得更加刚强，更像男人。花儿不能没水，男人不能没有赞美。女人对待男人最重要的是欣赏。只有懂得欣赏，才会发现男人身上与众不同的闪光点。

> 学员林英由于业务关系认识了陈晨，彼此互有好感。半年后的某晚，林英邀请陈晨到他家里吃饭。陈晨一进客厅，吃了一惊，满屋子的蜡烛，而且蜡烛还排成“I LOVE YOU”的样子。陈晨感动得不行，心中小鹿乱撞，不知该怎么做。林英走到她面前，极其绅士地弯着腰说：“这位美丽的小姐，请问，您能陪我跳支舞吗？”
>
> 如此“罗曼蒂克”的事居然出现在了现实生活中？真是太令人感动了。三个月后，陈晨就义无反顾地与林英步入了结婚礼堂。然而，婚后的生活却是现实的，烛光舞会成了过去式，随之而来的是买菜、煮饭、拖地、洗衣、大扫除。
>
> 陈晨变成了林太太，过去的浪漫就像是失去的胶原蛋白一样，一去不复返，她觉得生活太枯燥、太苦闷。陈晨想和林英说些悄悄话，可是她每天都要坐在沙发上等到 9 点、10 点。好不容易把他盼回家，洗完澡、

上了床，没等她开口讲话，他就已经睡着了。

陈晨想，过去他追我时可不是如此，他会送花、会一起看电影，怎么结了婚一切都变了？生活变得如此无趣？陈晨跟朋友抱怨：“我也没要求他像恋爱时那样热情，但是结婚之后我们之间也没啥激情，温度天天往下降。我真的不知道，在这段婚姻里可以得到什么？”

陈晨还说：“他为什么不在我身上多花点心思？为什么不多花点时间与我沟通？他是婚姻的既得利益者，我那么优秀，追我的人可以排到美国。我嫁给他后，每天洗衣、煮饭，变成了黄脸婆。而他，一回到家，就是喝茶、吃饭、睡觉，偶尔看报纸、看电视，我只不过想让他多给我一些温暖与慰藉，过分吗？”

朋友把陈晨的话告诉了林英，林英叹口长气，说：“唉。结婚之后，我都很守本分。不挑吃，不挑穿，每个月都把薪水交给她；她要拿钱回娘家，我也从不过问。我这么好的男人，她还有什么不满意的？我只要晚回家，她就摆出一张臭脸。你知道吗？在公司没有人给我脸色看，可是一回到家，就被她左右挑剔、各种嫌弃。我从来都没做过对不起她的的事，不吃，不喝，不嫖，不赌；工作一天非常累，回家不想讲话，只想先睡一觉，结果她却骂我太懒。有时候，我拿起报纸刚坐到沙发上，就能听到厨房里‘砸碗摔盘’的声音。”

“有一次公司员工一起聚餐。吃完饭，大家兴致很高，然后一起去唱卡拉OK，直到12点多才回家。她不高兴，像是得了神经病，拿起剪刀把我的衣服剪成了碎布，还故意用头撞墙。我都蒙了，婚前娇滴可人，婚后怎么变成了泼妇？……有时，我特别怕回家。我希望自己的家是宁静、安详的地方，可是我每次回到家都会看到一张不高兴的脸，我倒宁可留在公司加班。”

婚姻中，容易引发争吵的其实都不是一些大事，往往是一些琐事；生活中随手一抓，就会将大堆琐事演变成争吵。

婚前挑缺点，婚后看优点！不能将自己的注意力与焦点都集中在对方的缺点上，不能忽视了他们的优点与付出。结婚是一项投资，婚姻是财产，需要双方认真经营。只有包容并欣赏另一半，婚姻才能永续经营下去。

为琐碎小事“很受伤”，最不值

吃饭前刷牙，还是吃饭后刷牙？穿西装，还是穿休闲服？……这些本来都是生活小事，但却能成为夫妻争吵的导火索。细节是魔鬼，对婚姻同样如此！多少誓言、多少承诺，经过生活细节的磨砺后，最终都会土崩瓦解，惨淡收场。

在平时接触的离婚事件中，很多婚姻之所以会瓦解，大多数来自细节引发的争吵。就连当事人最后也不得不承认，其实都是些小事，但就是这些小事最后导致了无可挽回的局面。比如：孩子的教育问题、跟老人的相处问题、个人生活习惯问题、对金钱的态度问题、人际交往问题……我们都在维护婚姻，然而在这张契约下，依然存在很多看不见的暗流与旋涡。

有的夫妻之所以要离婚，只是因为老公不喜欢做家务，妻子喜欢在床上吃零食。

有的夫妻离婚的原因则是，女人觉得男人应该帮她买内衣，男人觉得女人应该帮他擦皮鞋。

有的则是，做西红柿炒鸡蛋时，两人为该先放盐还是先放糖而争执不休，每次做这个菜都会大吵一架。

……

原本都是些生活小细节，却成了婚姻成败的关键。成就爱情的是细节，毁掉婚姻的也是细节，真可以说是成也细节，败也细节。

生活中，总会出现一些琐碎小事，夫妻之间的相处也会遇到一些磕磕碰碰。

在细节中给予对方更多的关心与体贴，不要总是揪住鸡毛蒜皮的小事不放，生活就会美好很多，家庭也会变得更加和睦。

如果妻子喜欢发牢骚，丈夫千万不要以牙还牙，应该具备宰相肚里能撑船的气量；妻子千万不要计较丈夫的话说得不爱听或不符合事实，要多想一下丈夫平时对自己的照顾与付出……事情过去之后，再找个合适的机会向对方说明原因，就能够避免一场不愉快的冲突。

有一对夫妻积累了很多不愉快、很多问题，决定坐下来认真谈谈。

妻子说："你有多长时间没有回家吃晚饭了？"

丈夫说："你有多久没有给我做早饭了？"

妻子说："你最近忙工作，都不回家陪我吃晚饭，我特别寂寞。"

丈夫说："我没有你做的早饭吃，上午工作时我一点精神都没有。上司已经批评我好多回了。"

妻子不高兴地说："早饭你早起一会儿自己弄不行吗？你每天回来那么晚，影响我的睡眠质量，我怎么能起得来？你晚上不回来陪我吃饭，第二天我就不给你做早饭。"

丈夫也没有好气地说："我上班很辛苦，压力也很大。你又不是孩子，还得找人陪你吃晚饭？"

妻子抱怨说："你这几天总是喝得烂醉，回家一身酒气。而且，你有多久没有送过我花了，多久没有帮我做过家务了？"

丈夫也不甘示弱："你知道你平时做饭有多难吃吗？衣服洗得也不干净，花钱大手大脚，你有多久没去照看我的父母了……"

夫妻二人你一言我一语，针锋相对，互不相让，最后竟然找出结婚证要去办理离婚。

去民政局的路上，两人互不搭理。等红灯时，他们看到一对老夫妇正彼此搀扶着慢慢过马路。老太太掏出一块旧手帕给老头擦额头上的汗；老头怕老太太累，自己提着两兜蔬菜。

这对小夫妇看到这个情景，突然想起了结婚时的誓言：“死生契阔，与子成说，执子之手，与子偕老。休戚与共，相互包容。”可是，现在竟然因为一点小事……心里产生非常大的波澜，开始互相检讨。

丈夫说：“亲爱的，对不起，我刚刚语气不太好，我真的很想回家陪你吃饭，但是工作实在太忙了，常常要应酬，并不是故意忽略你啊！”

妻子不好意思地说：“老公，我其实也有不对，我不应该那么小气。你在外工作挣钱也不容易，我理解。以后早上我会做饭的。”

“早饭我早起自己热就行，每天回家那么晚吵到你是我的不对，下次我尽量早回来。你应该多睡会儿的。”

妻子也忙检讨自己……

就这样，一场离婚风波在无声无息中被平息了。从这之后，夫妻俩改变了相处模式，互敬互爱，宽容忍让，也会站在对方的立场为对方着想了，一直很恩爱。

其实，导致婚姻失败及爱情终结的都不是什么惊天动地的大事，而是日常生活中琐碎的小事。埋怨只会让彼此的距离越来越远，让爱情更早地被埋葬。争吵时，千万不要算旧账、翻老底，两个人争吵的最好结局是彼此理性地达成谅解。

婚姻的双方都需要学会变通，一方如果不小心撒了谎，另一半不必刻意地揭穿他 / 她，更不要与他 / 她斤斤计较，就算你洞悉一切，也可以傻傻地笑着说：我只是担心你。潜台词就是，我知道，但是我并不打算计较。

有第三方在场的情况下，更要给他留足面子。如此，他必然会对你心存感激，感激你的包容；会把你当成自己的同盟，当成分享秘密的另一半。这种唾手可得的甜蜜，千万不要扔掉。白头偕老从来都不是一句空泛的誓言，而是要把握好生活中的点点滴滴。

"闭一只眼"，才是智慧

"即使最美好的婚姻，一生中也会有200次离婚的念头，50次掐死对方的冲动。"这句话乍一听挺搞笑的，其实却蕴含着婚姻的哲理。

哪有筷子不碰到碗的，哪有铲子不碰到锅的，每个人都是独立的个体，婚姻中两个人也不例外。两个人从小的生活环境不同，接受的教育不同，思想意识也不尽相同，在婚后长期的生活中自然就会出现意见的不统一、观念的相悖。一方喜欢斤斤计较，执拗地想分个是非对错，原本的无心之失或无伤大雅的小事也会被无限放大，进而争吵不断、战火连绵。这样的婚姻，不论开始多么信誓旦旦，过程多么风花雪月，也不会太过幸福，更别说长长久久。

要想获得婚姻幸福，就要睁一只眼闭一只眼，不要太较真，不要吹毛求疵。

陈冰身材修长、长相英俊，是单位公认的万人迷。尽管已经人到中年，但丝毫没有受到岁月的侵蚀，依旧风度翩翩，风流倜傥。最重要的是，他不仅长相出众，生活习惯也备受欣赏。不论什么时候，都是西装搭白衬衣，头发整整齐齐地向后梳着，皮鞋一尘不染，办公桌上也是井井有条，东西从不乱放。每个进过他办公室的人都说："这才是真正办公的地方。"

崇拜陈冰的女同事排成长队。然而，陈冰又离婚了，这已经是第三次了。同事小郭感到很惊讶，那么英俊、那么绅士、生活习惯与作风都那么好的人也会有女人不喜欢，他妻子怎么舍得和他离婚？许多女人爱他都来不及呢。

陈冰的离婚在办公室里掀起了轩然大波，聊得多了，小郭也就知道了事情的大概：陈冰对自己的要求非常严，对爱人的要求也很严。他严以律己，生活习惯作风都非常好，容不得生活中有一丝的错乱，容不得爱人的一丁点儿过失。做的饭菜如果有些咸了，他便会喋喋不休地责备；刷的碗有一点不干净，他也会批评很久，并且毫不留情……一次两次可以，但是长此以往，谁都受不了。他的妻子被他折磨得没了生活激情，就算长得再帅气又能如何？没有幸福感的婚姻，结局只能惨淡收场。

《汉书》中有句话说：“水至清则无鱼，人至察则无徒。”河里的水太清澈了，鱼儿便没办法生存了；一个人太过苛刻，就不容易交到朋友。凡事都不能追求太完美，过分地要求，结果往往适得其反。

研究表明：真爱的保鲜期大约是 18 ～ 30 个月。爱情由大脑中的化学物质像是多巴胺、苯乙胺及后叶催产素共同组成，这就像是一种化学鸡尾酒，时间长了人体就会对这种物质逐渐产生抗体，两年左右便会慢慢失效，因此要想获得长久的婚姻，不能凭借恋爱时的冲动和激情，而是需要双方的包容忍耐及患难与共的情分。

几年前，侄女还没谈对象，人们都催她，但是那时候她却一点都不着急，对长辈们说：“结婚是这辈子最大的赌注，不能马虎。没有遇到合适的，就是缘分不到。我相信，我总会遇到属于我的 Mr.right。”果然，功夫不负有心人，侄女最终找到了自己心仪的对象。如今，虽然已结婚多年，但是两人依旧恩爱如初，即使偶尔出现了一些矛盾，也是好商好量。

婚前睁大眼，婚后睁一只眼，闭一只眼，才是婚姻幸福里的大智慧。

学员陈馨和老公发生了争吵，过不下去了，打算离婚。朋友听了，对他们的这个决定感到非常诧异。之前还好好的，陈馨总会把老公的好挂在嘴上，还让朋友们艳羡不已。

朋友问为什么，陈馨愤愤地说："明明与朋友在一起喝酒，却骗我说在公司加班；明明发了奖金，却偷偷自己留着，不上缴；明明送朋友的礼物非常贵，却骗我说没花几个钱……我揭穿了他的谎言，以为他会有所收敛，没想到他变本加厉，一次次撒谎，手段也越来越高明。这日子要如何过？"

婚姻中的智慧需要我们慢慢摸索，在男人面前，女人有时适当地"闭一只眼"是好事。男人一不小心撒了谎，女人心知肚明就可以，千万不要将所有的事情都探个水落石出、一清二楚。就算你天生有一双火眼金睛、可以洞察秋毫，最后伤害的也是自己的婚姻。

小樱的老公非常喜欢打牌，结婚之后尽管有所收敛，但是偶尔也会偷偷玩一把。一天晚上，老公打电话给小樱："我今天加班，可能要晚点回家。"其实，小樱一接电话，就在电话那头听到了牌桌的声音，但她并没有揭穿他。半夜，老公回到家时，小樱睡眼惺忪地接过他的包，关切地说："加班到这么晚，你可真行，一定累坏了吧？我十点给你做了宵夜，这会儿还热着呢，赶紧洗完澡吃点吧。"老公喝着小樱熬的鸡汤，脸涨得通红，最后竟然主动坦白。从此，他再也没在外面打过牌。

工作之余，老公时常会写些文章影评一类赚点稿费，除了向小樱上缴一部分，也会克扣点，悄悄存进自己的小金库。他不提，小樱就装作不知道，也不主动去稽查。后来，家里买了新房，把能借的钱都借了，还差两万元钱。老公一狠心把自己的私房钱全取了出来，怀着忐忑的心情问小樱："老婆，我瞒着你悄悄攒了私房钱，你不会怪我吧？"小樱笑笑说："我早就知道家里养了一只大硕鼠。看在你没有把小金库用在不该用的地方，没有破坏家庭安定团结的大好局面，就不计较了。"老公一愣，顿时恍然大悟，嗔怪地说："你好坏呀……"

小樱怀孕6个月时，老公单位来了一个漂亮的女大学生，一天到晚跟着做记者的老公跑新闻。朋友忙提醒她："妻子怀孕时，丈夫非常容易出轨，要是再不采取措施，你老公也许就被那些年轻小姑娘勾搭走了。”

小樱一笑了之，可私下里心想：管得住他的人，如何管得住他的心？于是，便装作什么都不知道，时常让老公叫那个女孩来家里吃饭，讲些自己跟老公从恋爱到结婚的岁月，让她感受到他们之间的幸福。结果，女孩把小樱当作了学习榜样。小樱坐月子时，她还一直来看她、照顾她。情敌，居然成了好姐妹。

一辈子那么长，谁都不能保证自己不会走个神。婚姻是需要一辈子用心经营的事，只要找准婚姻的大方向，不偏离生活的航线，有时倒不妨“闭一只眼”。

给老公一点私人空间、一些回旋的余地、一些反省的机会，婚姻可能就会大有不同。

如果你爱我，那就改变你

夫妻之间是一个彼此互动的关系，假如其中一方朝着好的方向转变，另一方也会跟着一起行动，这样就能形成一个良性循环，夫妻关系才能往更好的方面发展。

学员孙铭性格比较内向，而妻子的性格则比较强势。在家里，孙铭处处让着妻子；可是在外面，妻子却也不懂得给他留点儿脸面。一次，孙铭和几个朋友一块儿喝酒，兴致上来，就多喝了一会儿。深夜时分，妻子竟然找过来，一来就把桌子掀了。害得他在朋友面前颜面扫地。他吼道："你看看自己是什么样子，一点儿女人的温柔都没有。"她回敬了一句："你这个样子，还想让我对你温柔，真是可笑。"

妻子最忍受不了的就是孙铭酗酒，平时内向温和的一个人，只要一沾酒，就会变成了另外一个人，常常是满腹牢骚，控制不住自己胡说八道。两人争吵不断，每次吵架都是指责抱怨。一想到以后几十年的时光都要和妻子这样吵下去，孙铭觉得前方道路太曲折了；可是，如果离婚，又放心不下孩子。

孙铭试探性地问儿子："如果爸爸妈妈有一天要分开，你同不同意？"儿子说："不要。"他继续劝说："妈妈总说爸爸这里不好，那里不对，爸爸也总说妈妈不好，与其经常在一起吵架，还不如分开。"

儿子像个小大人一样，认真地摇摇头。之后，他缓缓地说："我以前和同学吵架，老师就会把我叫到办公室训斥：‘别管别人如何，先把自己的臭毛病改了’。爸，我觉得你先别管妈妈如何，先把自己喝酒的毛病给改掉。”

儿子的话，让孙铭一下愣住了：他一直都想改变妻子，也在等待妻子改变，却从来没有想过自己先改。他想：妻子也许也是这样想吧？于是，他决定戒酒，就算是为了自己的儿子。

戒酒并不是件容易的事情。夜深人静时，整个世界就好像只剩下孙铭一个人，他的心脏像是被一百只爪子挠来挠去，开始整夜整夜地失眠……妻子看他这个样子，轻蔑地说：“你这又是何苦，白折腾罢了！”妻子不相信他可以戒酒成功。他在心里暗暗发狠：你等着吧，把酒戒了，第一件事就是去民政局离婚。

孙铭把自己的床铺搬到书房，买了很多零食。失眠时就看看影碟，一夜一夜地熬。妻子早上整理书房，看见满满一垃圾桶的瓜子壳及满桌子的影碟，再看看老公，整整瘦了一大圈，莫名有些心疼。于是，她专门去药店买了两盒安神补脑液，放到孙铭面前：“每天临睡之前喝一支，总不睡觉哪能行？”孙铭的心像是被羽毛轻轻地拨弄了一下。

熬过了最开始的半个月，孙铭才慢慢缓过来一些，如今也有心情辅导儿子写作业了。孙铭与儿子在一起时，妻子便坐在一旁打毛衣、翻杂志或为晚餐准备食材，不打扰。不再像之前，一见到他，就说个没完……如今，家里是一片宁静，宁静中还透着一种温馨。孙铭的心像是阳春三月，暖暖的：这才像是个家。

对于丈夫的变化，妻子也是看在眼里，喜在心里。每天晚餐，都会做一道他喜欢吃的菜。刚结婚时，她让他列了一个菜单，将自己喜欢的菜全部写了下来。那时，她闷在厨房里，一样一样地学着做。如若他说一声“好吃”，她便会像孩子一样高兴得手舞足蹈。可渐渐地，她也没

有什么心思这样做了。当初，她对他那么贴心，可又是从什么时候开始，她变得满腹牢骚了呢？是因为她对他不好，他才会嗜酒？还是他总是喝酒，她才会对他不好？思前想后，她也想不清楚，但是感情终究是一个巴掌拍不响的问题，婚姻出了状况，两个人都有责任。

孙铭突然对妻子非常愧疚，他想：那个说话柔声细语、笑起来眼睛弯弯的女子，如今却被生活及我折磨得像个悍妇。妻子看到孙铭这么有毅力，竟然真的戒了酒，说不震动是假的。她也开始自省：是不是因为我平时对他的态度不好，才让他觉得家里不温暖，才总是和别人待在一起，不停喝酒？一想到这些，妻子就对孙铭多了一些理解与体谅。

当两个人彼此自省时，就意味着婚姻中最坏的那段时光已经过去。于是，神奇的变化发生了：之前他们总是觉得对方哪里都不好，可现在他们的脑海中想的念的都是对方的好。

结婚纪念日那天，夫妻两人带着儿子，吃了一顿大餐。晚上，两个人并肩靠在床头，他搂着妻子，妻子枕着他的胳膊说："你不喝酒了，真好。"他亲了亲她的额头："你不皱眉头的样子，也真好。"她笑着笑着流出了眼泪，把脸深深埋进他的臂弯里。

孙铭其实已经对他们的婚姻失去了信心，从没有希望妻子能变得像以前一样温柔。但在自己做了改变、戒酒成功后，妻子竟然又变回以前的样子，找回了遗失很久的温柔。

结婚之后，当男人表现出越来越多的毛病时，很多女人都想让他改变，变成自己喜欢的，或者说能够接受的样子。殊不知，女人是不可能真正地改变一个男人的，你的一厢情愿只会造成对方的反感。

贝拉与丈夫结婚还没到一年，两个人就离婚了，而离婚的原因让大家都觉得非常可笑。

丈夫吃饭的口味比较重，吃菜偏咸；而贝拉从书上看到，盐吃多了会增加心脑血管疾病的发病率，还会导致骨质疏松等毛病。为了丈夫的身体着想，贝拉做的菜就少盐，想把丈夫的口味慢慢调淡一些。

一吃饭，他们就会因为口味的问题不停争吵。两个人都不肯做出让步，最后丈夫逐渐不回家吃饭。贝拉不给丈夫零用钱，矛盾进一步激化。终于，忍无可忍，丈夫提出了离婚。

男人会因为爱情而选择婚姻，并不代表他愿意在爱的束缚下放弃自己的天空。在婚姻里，他们希望得到的是一种默契、宽容与理解，而不是一味地指责、批评与约束。也许在你的爱情攻势与鼓励下，嗜赌如命的赌徒会戒掉赌瘾，喜欢勾三搭四的浪子会安心待在家里……但是，这种改变是非常有限的，任何女人都无法将一个普通老百姓改造成王子。

婚姻生活中，女人不可能通过责骂及挑毛病来改变男人。即使你是出于好意，可是，那些你觉得不好的习惯是在他认识你之前养成的，已经种在他的身体深处；再加上男人多少有些顽固，根本就没有办法改变。因此，不要试图改变对方，让对方来适应自己，应该收敛及放弃自己的个人化；要排除自己的狭隘与固执，用理性的头脑来对待对方；要用自己豁达的心胸，坚持一个有利于家庭和平发展的方向为导向……这样去处理生活，婚姻才能够永恒。

对男人学会哄，对女人学会宠

好老公都是女人“哄”出来的。

在我们的脑海里，女人生气了，男人一定要哄哄；并且，在许多电视剧和小说中，这个道理还被渲染成一种天经地义，好像不这么做就是罪大恶极。

经常有女人抱怨说：“我老公怎么这样啊？我生气了，他居然也不过来哄我。是不是不爱我了，是不是不关心我了啊？不在乎我的男人一定不能要……”之后，就开始说出一堆道理来。

我想说的是，婚姻不是一个人的事情，需要两个人共同经营，不仅女人需要哄，男人也需要哄；你要求男人事无巨细、每时每刻都要像打了鸡血似的来迎合你、哄你，有没有想过也要给他一些关爱与理解，让他感受到一个女人的温情与甜蜜。

真正聪明的女人懂得如何去鼓励引导自己的男人，她们会用“哄”及赞美的方式，让他朝着自己心目中理想的方向发展。当男人感受到女人对自己的全身心崇拜与感激时，他就会更加有信心……如此良性循环，你们的关系也就会朝着更美好的方向发展……

如果想改变一个男人，千万不要摆出盛气凌人的架势，指挥他去做这做那，会让男人从心底觉得厌烦。男人的天性非常叛逆，要哄着他，让他心甘情愿地为你做事。如果把一个男人比作一只雄狮，把它放到一个出色的驯兽员手下，也可以驯服成一只温顺的小猫。

俗语说：“不要给吃草的马儿喂肉。”如果想让婚姻变得更和谐美满，首先就要了解男女的心理差异：男人需要的是崇拜与赞美，女人最需要的不是金钱，而是关心与照顾，好男人都是哄出来的。

例如，男人工作太忙，不小心把你的生日忘记了，千万不要大发雷霆，又哭又闹。等他忙完后，可以摆出一副委屈的样子，撒娇说：“老公，你把我生日给忘记了，我本来很不开心，但想到你工作这么辛苦，即使忘掉了，我也不舍得怪你。假如不是你，我的生活也不会像现在这么无忧无虑；假如没有你，我真不知道该如何办。”

将这些话说出来，不仅表达了他没有及时关心你的失落，又会让他觉得你非常懂事、非常体贴；以后如果有什么重要日子，他都会牢牢记在心里。这样的枕边风，才会让男人既舒服又顺心。

好男人都是女人哄出来的，而好女人都是男人宠出来的。林语堂曾说：“女人是水，兑入酒中是酒，兑入醋中是醋。”一个女人是什么样的，看她的丈夫就知道了。

不久前，我在街上看到了之前的同事刘姐。刘姐满面春光，见到谁都是一副乐呵呵的样子，和以前的状态一点都不一样。过去的刘姐每天都板着一张脸，不苟言笑，非常严肃。后来，因为跟同事合不来，她便离职了。

有一次我跟一个同单位上班的同事聊起了刘姐，同事说，刘姐会有这么大的转变都是因为她的第二任丈夫。

这个丈夫把她宠得如女儿一般，被爱滋润的女人，自然就会散发出一种温柔。刘姐的第一任丈夫大男子主义非常严重，什么事都要由他说了算，只要违背他的意思，他就会跟她对着干；而且，要求绝对的权威，不允许别人在言语与行动上反对他。每次两个人闹矛盾，都需要双方父母的协调，才能继续过下去。她的第二任丈夫，不论谁对谁错，他都会先低头认输，他说：“家是一个讲爱的地方，不是一个讲理的地方。老婆说的就是对的，老婆是用来疼的，不是用来吵的。”

即便他们之间产生了矛盾，也能在两天之内冰释前嫌。

刘姐的第一任丈夫，是一个非常吝啬的人，不肯为她花钱，刘姐自己挣钱自己花，他还嫌她乱花钱。家里不论买什么东西，他都希望平摊，特别精明。可是刘姐的第二任丈夫，两个人刚结婚，他就把自己买的房子加上了刘姐的名字，主动把自己的工资卡上交给刘姐，只要是她喜欢的东西，即使贵一些，他也舍得让她买。

刘姐与第一任丈夫结婚后，时不时动怒，对谁都爱发脾气。因为她在家时，丈夫从没有给过她好脸色，所以她的脸就是黑的。可是自从与第二任丈夫在一起，她就变得十分开朗，心情也好了，变得不斤斤计较了；而过去，只要别人开她的玩笑，她就立刻翻脸。

女人的心非常容易被感化，男人对她和风细雨，她也就会对他温柔如水；假如男人对她没有什么好脾气，她也一定会张牙舞爪。男人如果用关心、用在乎、用真心宠爱一个女人，女人就会自然地柔软，更加娇媚，更加善解人意。如果男人总是用冷漠、打骂或轻视来对待自己的女人，她们就会变得更加不温柔，更加冷漠，更加无理取闹。

第四章

修炼心性：幸福婚姻心灵法则

重要的不是他怎么想

莎士比亚说："相爱容易，相守难。"生活不是童话故事，童话故事中结局会用一句"王子和公主从此过上幸福的生活"而结束；但是现实生活中，婚礼从不是故事的最后结局，相反当王子和公主走上红地毯时一切才是刚刚开始。

现实是非常残酷的，作为一个女人，不要奢望男人的矢志不渝此情不变；男人嘴里的"永远"有时并不代表一辈子，男人的誓言在说出口的那一刻的确是真的，但是人的一生很长，有的誓言也会在漫长的时光里被改变。

"他以前不是这样的……"许多女人都会说这样的话。她们整天抱怨男人的改变，结果到最后却将自己变成了怨妇，让自己的丈夫离她们越来越远。为什么会出现这样的现象呢？因为许多人在处理婚姻关系时，都把自己的心思放在了另一半的身上，更多地关注了"对方是怎么想的"，而忽视了对自己的关注。

但是也有一种女人，不管嫁给谁，都会很幸福。因为这种女人明白一个道理：你如果不爱自己，又怎么能让别人爱你？

> 学员刘芪是家里的独生女，从小在父母的精心照顾下长大，含在嘴里怕化了，捧在手里怕摔了，因此刘芪从小就不清楚如何照顾自己。长大后离开了家，刘芪第一次谈恋爱失恋后，她简直心碎欲裂，打电话叫来自己的好朋友茉莉哭诉。刘芪声泪俱下地在茉莉面前控诉那个男人的种种不好："没想到他是这么渣的人，如此无情，我不好过，也不会让他好过！"

茉莉看着刘茕凌乱的房间，看着她一个星期没有洗的鸡窝似的头发，以及通红的双眼，忍不住替她难过："别哭，照顾好自己。"

刘茕已经两天没有吃东西了，她根本就不会做饭，平常都是在外面用快餐及方便面解决。茉莉去楼下的超市买了做粥的食材，准备给刘茕做粥。茉莉边熬粥，边跟刘茕说："与其花时间去恨一个已经淡出你生活的人，还不如多花点时间把自己照顾好，女人只有自己爱自己，男人才会更爱你。"

刘茕似乎听懂了茉莉的话，似懂非懂。茉莉给她擦干流泪，陪她度过了难过的失恋期。慢慢地，她不再控诉那个男人的不是了。后来，刘茕多次邀请茉莉去教她煮饭，慢慢学会了照顾自己，有时候会召集朋友们去家里尝尝她的手艺。刘茕变得比以前还要快乐，身边的追求者也越来越多。

谈恋爱时，以为爱是对方给予的，不懂得照顾自己。然而，当女人的眼里心里只有一个男人、把自己的一颗心都放在他身上时，也就没有了属于自己的喜怒哀乐，只要男人不在了，女人的生活就会像没了重心一样，不但人生变得无趣，男人也会离开她。因为，她不懂得疼爱自己，她的生活圈子里只有他，他不得不扮演很多角色，总有一天他会感到疲惫。

女人不能一直指望别人来爱自己，男人并不是金刚不坏之身，也会有负荷不起的时候。有些女人总觉得恋爱或婚姻像是带有魔法，可以将她的生活逐渐引向幸福的世界。然而，她们其实错了。

婚姻永远都不会让不幸的女人变得幸福，它不过是人生的一个经历而已。假如在结婚之前你没有学会疼爱自己，对生活抱着一种消极的态度，那么恋爱或结婚依旧没有办法获得幸福，即便产生了幸福的感觉，也是短暂的。

一个没有办法给自己带来幸福的女人，又如何给他人带来幸福？女人首先要学会爱自己，才能够得到别人的爱，凡是幸福美满的婚姻都是以"关注自我"为

前提的。

婚姻幸福的夫妇双方皆是两个独立的个体，只有思想健全、人格独立的人彼此结合，才能造就一段美满的姻缘。为了另一半的利益，两个独立的个体就会不断地想方设法改进自我，并从不奢望对方能够与自己采取相同的行为。他们既不会为了一些分离而变得忧心忡忡，也不会为了要在一起而变得紧张焦虑。

他们会寻找介于两者之间的一种平衡，会关注自己的言行，使其处于自己的掌控范围内；他们不会计较另一半的其他举动，更何况这也不是他们可以控制的事情。因此，能够真正享有自己渴望的事物——与另一个独立而又有趣的灵魂、一个心甘情愿与自己一同前进、一同希望、一同梦想、共度此生的人建立起真正牢固的关系。

对这个婚姻模式，很多人都不熟悉。也许从前你接受过太多的误导，觉得只有牺牲自我、不断妥协、迎合对方、努力适应才能成就一段美满的婚姻。其实，所有这些教你关注另一半而非自己的婚姻专家的鸡汤，从本质上来讲都是错误的。它们不仅会让你走上歧途，还会给你的婚姻造成不可估量的伤害。

古希腊人告诉我们，在所有的圈子里、在所有的人当中，最应该认识的就是我们自己。就像我最初说的那样，必须学会关注自我。

当然，这并不是说你要抱着一种“除了自己什么都不要管”的态度。自私自利的人不仅总是以自我为中心，还会强迫别人关注自己。当他希望一个人按照某种特定的方式去进行思考、感受或行动来迎合自己需要时，其实只是为了满足自己的利益，这同样是自私自利的一种表现。

以自我为中心的人会刻意关注他人的一举一动，因为只有经常关注他人，他才可以让他们也关注自己。要想婚姻幸福美满，没必要一定要在对的时间说对的话，没必要把另一半了解得一清二楚，也没有必要为了迎合他人的需要而牺牲掉自己的人生。

你所拥有的，正是你所期待的

你与你的另一半是不是正处于战争的状态？或者，你早已经在婚姻战争中心力交瘁？

你对自己说："我和他之间的一切都是一场噩梦，仅仅是一个错误，我要去哪里寻找真正的幸福？"

对不起，说实话，你现在拥有的这份婚姻关系其实就是你潜意识中所相信并抱有期待的结果，不论你觉得它适不适合你，事实都是这样。

我们相信，任何一个人的潜意识中都存在着某种距离，存在一些不安全感及孤独感，而这一切又会不断重复出现在我们的生活和伴侣关系中。在我们与伴侣一起体验这些事情之前，其实我们早已经经历过了。无论多么令人痛苦与绝望，在婚姻或伴侣关系中被激发出来的控制欲以推动这一关系发展的原动力，原本就是我们自身系统已经熟知的。

或许你当即会问：那么，此时此刻我正在经历的所有糟糕的事情、所有的阻力与痛苦，难道都是我之前遭遇过的，是我的潜意识引导的结果吗？难道所有的一切都是我自己心底想要不断重复的吗？没错，就是如此！这听起来或许有些苦涩，但是在伴侣关系中，我们的确没有自由可言，我们的确就像电脑那样，喜欢自动重启同样的系统。

为了尽快理解这一观点，我们可以先来看两个数字。尽管每个孩子在学校里都学过这两个简单的数字，但是大部分人对此却并没有清晰的认识：科学证明，

我们对自己的认识，大概有96%是潜意识的，只有4%是我们可以明确意识到的。

只有4%？这时候你一定会想：这不等于说，我实际上对自己毫无概念……我不认识我自己，我把自己所有的一切都遗忘了或是排除了……我甚至没有办法发挥自己大部分的潜能……对于我的生活，我仅仅能够感知到4%，这是极少的一部分，难道仅仅有这么一点点是我自己能够控制的吗？这就对了！我们对很多事情的认识，的确仅仅只有极少的一部分；与此相比，潜意识明显占据了绝对的优势。

对此，你一定在现实的日常生活中就有所体会。或许你曾经尝试过减肥，要不就是戒烟；你还想过要不要增加自己的运动量。至少你那4%的意识能够做出一个良好的打算：从今天开始，就要结束了！不要再贪吃了，不要再吸烟了，不要再发呆了！

你能意识清醒地对自己说：我是认真的，我的动机是强烈的。但是不幸的是，这一切还没有坚持多久，就会有一股让你不可控制的力量从内心深处冒出来，足以改变你刚刚的良好计划。

转眼的工夫，之前的誓言都消失无踪：你的嘴里突然又冒出了几块巧克力，还有几片面包；你又一次点了香烟；跑鞋刚刚被扔到了一边，你就与几个朋友去外面喝酒了。

看看上面这些例子，就可以清楚地看到隐藏在自己身体内更强大的那部分自己：属于潜意识的占去96%那部分的你，陌生而强大。很显然，潜意识明显占据了绝大部分的优势。

现在，你或许已经做好了接受这一份更亲密关系的准备。但是，在这个过程中却发现，另一个人根本没有办法像你想的那样去真正走近你。于是，你肯定会这样问自己："怎样才能在我的潜意识领域里，揪出那阻挠我们爱情的破坏者？"假如你有勇气这样做，在这里我能给你指明几条路。

第一，毫无保留地爱上你自己，无条件地接受一个自己，不管是好的自己，还是不好的自己；不管是表面上的自己，还是那个隐藏在外表之下的完全未知的自己。不管遇到什么情况，都要满心欢喜地接受它。潜伏在意识深处的并不像你想的那么可怕，伺机而动的正是你内在的宝贵资源——这是你天性的一部分，也是你的能量。让这些天性上升到意识层面，也许会让你感到不悦。因为随着时间的流逝，很多原本对你来说重要的东西都会被逐渐封锁压抑到意识的最底层，逐渐消失在潜意识里。而它最根本的原因也许就在于，你曾经因为这些而遭过谴责或受到过伤害。

第二，认真观察你的伴侣，看看他 / 她的身上有哪些性格特征是你不喜欢的、不能接受的。正是那些你在伴侣身上不能够容忍的东西，向你透露着一些重要信息；而且，这些信息又恰恰可以折射出你内心里被压抑的那部分，让你看到自己的阴影。例如，他 / 她总是悄悄地躲着你，就要坦诚地问问自己，你究竟多渴望打开自己，还自己一片自由的天空？再如，他 / 她总是时刻紧紧地拽着你，似乎想从你这里获得什么，那么，就坦诚地问问你自己，究竟从何时开始，你不再对对方展现自己的内心世界，你的情感已经冰封到什么程度？你是如何残酷地控制自己，不让自己去满足自己的情感需求呢？

我们能给你提供的最佳捷径就是，敞开你的心胸，真诚地面对自己内心的敌意。即使这份仇视与愤懑令你十分难以接受，也要如此。因为，这些让你耿耿于怀的事情与你有着难解难分的关系。敌意是你天性中的一部分，特别是在自我分裂的层面上更显示了你内心深处的自我敌视及自我拒绝。这些都已经被你深深地抑制，隐藏在潜意识层面里。

并非事事都能如你所愿

人生在世，总会经历很多不同的事情，有的时候还会发生一些让你意想不到的事情。一切就好像变化多端的天气，本来阳光非常灿烂，也许突然就会变得乌云密布，大雨倾盆；本来是狂风大作，雷电交加，很可能马上就会雨过天晴。

就像没有办法预测天气一样，在我们的人生中同样会碰到很多意料之外的事情。想想看，结婚时，谁会想过生活中会发生这样难以相信的事情。结婚时谁会云想有朝一日会离婚。可是，离婚的事却时常发生。

生孩子、养孩子是人这辈子最重要的几件事之一。每当遇到这种大事，每个人都会觉得自己的孩子一定是这个世界上最善良、最美丽、最优秀的。但是，事实上，又有多少孩子不仅学习不好，还总是惹是生非，让父母头痛不已？

许多人都觉得自己这辈子大概就在这家公司一直勤勤恳恳地工作下去了，然而突然有一天，一些原因或是机缘巧合之下你却离开了这家公司。

刮风也好，下雨也好，炎热也好，寒冷也好，不受外界环境的拘束，非常重要。本来想要移苗，但是阳光充足，暴晒不已，就可以去锄草。本来准备去喷农药，但是突然下起了雨，就可以把小苗移到后面的田地里。假如下雨了，那就打着伞；雨下大了，就穿雨衣；实在下得太大，索性在家收拾一下屋子好了。不论天气如何都能应对自如，做好这样的准备，才是最明智的。

我们的婚姻也是这样。每个女人都希望自己的丈夫可以早早地回家，每个男人都希望自己的妻子温良贤惠，孩子品学兼优，全世界的人都对自己表示羡慕、刮目相看……尽管我们每天都希望有好事发生，但只要出现了好事，就可以解决婚姻问题吗？当你想要的东西不能得到时，你是不是会非常烦恼与痛苦呢？

任何人都无法让自己的每个愿望都全部实现，不可能想要什么就能得到什么。假如所有的心愿都被满足了，整个世界岂不是会变得更加混乱不堪？世界之所以可以正常运转，正是因为每个人都有一个心愿想要得到满足。

只看到自己，永远都不会明白这个道理。这时候，只要回头看看别人，马上就会知道自己有多么愚蠢。总有一些心愿，不论你多么虔诚地祈祷，终究都不可能实现。不能实现心愿，难道就是有问题吗？别担心，不能实现也不会有什么问题。对于一个人来说，他的所有心愿不会全部实现，即使实现了现阶段的心愿，还会有其他心愿出现。

然而，令人感到遗憾的是，很多人却根本不知道：一个人痛苦的根源其实就在于认为自己所有的心愿都必须实现。正是介于这一点，许多人才没有办法摆脱痛苦。其实，只要你有想做的事情，大可以去尝试。成功了那非常好，就算不成功也不要紧。就算现在没成功，日后回首再看的时候，也未必不是一件好事。

人生是这样，婚姻更是这样。婚姻不仅仅是两个人的结合，更是两个家庭的结合。这对于重视家庭伦理的中国人来讲，是个真理。婚姻中两个人相互磨合、相互适应，本来就是一件不容易的事，再加上双方亲属的掺和，家庭大战便会一触即发。

幸福的婚姻并不是与生俱来的，那么应该怎样经营自己的婚姻生活？理解、沟通、体谅和信任，这些是奠定幸福婚姻的重要组成部分。

王女士与先生结婚 7 年，小日子过得非常不错，经济富足，养育了两个孩子。旁人都觉得他们的婚姻美满，但是王女士的先生太听公公婆婆的话这一点有些不满。公公婆婆都生活在美国，经常会横跨太平洋来插手他们夫妻的事务。丈夫对老人的话简直是言听计从，使得王女士觉得自己被丈夫忽略了，没有把她当作自己人。渐渐地，不论老公发表什么意见，她都觉得是不是公婆在背后教唆了丈夫，

进而用充满攻击性的言辞犀利地回应，两人最后不得不以离婚收场。

执子之手、与子偕老，话虽简短，但做起来非常难。结婚的时候，很多人都承诺过这句话，但是真正走到这一步的人又有多少？来自不同原生家庭的两个人，有着不同的世界观、人生观、价值观，生活中难免产生一些摩擦。所以，在婚后的最初磨合阶段，沟通与理解十分重要。

处于这个阶段的夫妻，假如发现自己的需求不能得到满足，就要开诚公布地与对方进行交流。并且，夫妻双方的交流不应该止步于柴米油盐的琐碎生活中，还需要聊聊一些更加深入的话题，例如：个体的人生规划、理财观等，这些话题都有利于促进彼此的了解。

当然，磨合是一个非常缓慢的过程，不能一蹴而就，也不能一帆风顺，遇到争执、矛盾或冲突时，需要讲究沟通的方式。切记！一定不要翻旧账，更不要东拉西扯，这些都会导致冲突升级或矛盾加深，还会伤害彼此之间的感情。

比较合适的做法就是：在交流的过程中，两个人都要尽量做到心平气和，有错就要认错，以解决问题为目标，不仅是为了单纯地发泄自己的负面情绪；除此之外，不要用言语暴力或冷暴力来伤害对方，否则只能破坏了家庭氛围。

越乐观，越幸福

法国著名作家大仲马曾说：“乐观是一首激昂优美的进行曲，时刻鼓舞着你勇猛前进。”的确是这个道理！在一段婚姻中，女人对人或事抱持怎样的态度，决定着她的生活状态。如果是乐观积极的心态，最后面临的结局也是幸福美满的；如果是悲观消极的心态，生活也不会快乐幸福。这便是心态决定人生的道理。

初中上地理课时，老师都会说，地球本来是一颗死球，是因为有了太阳光的照射才出现了生机。大家对阳光都不陌生，晴朗的天气里，我们能够看到它的存在，它不仅可以给我们带来光明，还可以给我们温暖。假如没有它，很难想象这个世界会是一种什么状态。

同样道理，如果女人的内心深处没有阳光，那根源一定是黑暗的、冰冷的。用什么方法可以照亮一个女人的内心？答案很简单：乐观！乐观是女人心中不可缺少的阳光，乐观的女人往往是坚强的、向上的，她们的内心深处有一道明媚的阳光，任何的困难与不幸都会惧怕她们内心的阳光。

女人乐观，不仅可以照亮自己，还能温暖及感染爱人的心。日本前首相鸠山由纪夫这样评价自己的妻子：“她永远都是那么快乐。我回到家感到很放松，她就像一个能量补给站。”

乐观的女人就像一个能量中心，疲惫不堪的丈夫来到这个能量中心，就会重新获得奋斗的能量及积极向上的力量。事业不顺的男人回到家，看到自己的妻子是愁眉苦脸的，你觉得他会高兴吗？他必然会觉得承受不住心理上的煎熬。女人

的悲观就像火上浇油一样，会让男人原本不快乐的情绪变得更加糟糕。

朋友小刘喜欢做公益，一次跟几个同事一起去给一位生活贫困的女工送温暖。

女工的丈夫早几年因为酒驾出了车祸，一条腿废了，截了肢。家里为了给他筹集资金治疗腿伤，欠下了好多债。他们有两个孩子，其中一个还是先天性心脏病。女工工资微薄，还要养活一家四口。

朋友想，她家一定不知道糟成什么样子了？路上，他的脑海中想象的是这样一幅景象：满脸沧桑的女人与蓬头垢面的孩子，一脸悲苦，生活在又黑又潮的小屋中，屋里屋外没有一点儿美丽鲜活的色彩；母子三人抱在一起一边哭一边诉说他们的不幸。

可是第二天，当朋友怀着自以为是的同情心，按着地址找到了那个女工家时，简直惊呆了：女工脸上挂着明媚的笑容，房间一尘不染，漂亮的门帘是用报纸做的；灶间的调味品尽管只有简单的油、盐两种，但是油瓶与盐罐却擦得非常干净明亮。女工说家里现在用的冰箱和洗衣机都是附近邻居淘汰下来的，虽然有时候会坏，但起了大作用；孩子们都非常懂事，做完功课之后会帮她干活……说这些话时，她的脸上洋溢着明朗的笑容。人们深深地感动了！

这是一种多么有能量的画面，大部分人会被这种精神感动！道理人们都懂，但是实际行动很难，女工用自己的行动告诉我们：乐观，让生活充满希望！

任何人的生活都不可能一帆风顺，中途多少会有一些不幸的事情降临到我们头上。不论我们愿不愿意接受，它都会如期而至。怎样对待它，才是生活要我们学会的技能。生活就像一面镜子，你对它笑，它就对你笑；如果你对它哭，它就对你哭，仅此而已。

台湾著名佛学大师海涛法师说：“当今社会，不是让你去改变谁，而是要你懂得学会接受，以一个乐观的心态坦然地接受。当你凡事都以乐观的心态去面对时，你会惊讶地发现，无论多么大的困难，都不是可怕的，世界原来竟是那么美好。”

对婚姻抱有积极乐观的态度，就会对一切都充满希望，对自己的丈夫保持宽容，积极面对生活中一切困难与艰辛，每天都能够找到有意义的事情来做。她会感到每一天都生活在幸福的云端之上。这样的女人，是不会抱怨婚姻的，也不会斤斤计较，更不会埋怨生活中的一切不顺心，不会对丈夫发牢骚，也不会对公婆产生怨恨，她会在生活的磨练下越来越坚强。

相反，如果对婚姻抱有悲观的态度，只要有一些不如意的事情发生，便会让她陷入窘境，感觉难以承受；感情上稍有挫折，便如临世界末日，寻死觅活，不得安生。这样的女人不会心甘情愿地为家庭付出，更在意自己的感受，不考虑爱人的感受，时常觉得丈夫不够温柔、不够体贴、不够能干……她们觉得一切都糟透了，在生活的打击下，会经常抱怨、得过且过，甚至会产生轻生厌世的想法。她们会活得很累，挣扎着抗拒着扭曲的人生。

事实上，怎样对待婚姻与生活，完全是由我们决定的。乐观的妻子，不论在什么样的生活状态下，都会保持一张笑若春风的脸。她的心灵质量是丰厚的，充满着阳光般的温情。在她的世界里，痛苦、忧愤、绝望、无奈等带有消极思想的字眼是不存在的。

只要我们保持乐观，不论什么困难与挫折都没有办法击垮我们；只要我们保持乐观，内心就会是一片明媚；只要我们保持乐观，婚姻也将会变得越来越幸福。

珍惜拥有的，不要抱怨

我们经常会听到有人发表这样的言论：“谁谁谁的老公特别优秀，一个月能挣好几十万，我老公一个月挣人家一个零头。”这些人总是不停地羡慕别人，最后失去了自己的悠然和平衡，变得充满怨气，时不时与自己的老公爆发家庭战争。

其实，每个人的婚姻都大同小异。只看到了别人的幸福，却没有看到别人火烧眉毛的样子，别人的婚姻并没有我们想象的那么幸福无忧。老天是公平的，能量是守恒的，每个人的婚姻生活都差不多，过好自己的日子，才是最重要的。

周末，赵颖意外地接到陈丽的电话，邀请她周末去她家小聚。赵颖有些犹豫。陈丽是赵颖在杂志社工作的时候关系亲密的同事，那时两人经常一起工作、一起吃零食、一起逛街、一起跑步。只是陈丽比赵颖好运，结识了一位成功商人迅速闪婚，生活发生了天翻地覆的变化：她辞掉工作，在家做起悠闲的全职太太。

而赵颖结识了一名普通的中学老师，相处不错，两人也领了证，两口子每天朝九晚五兢兢业业认真工作，每个月区区几千元，需要吃饭穿衣，还要抚养孩子、照顾老人。在物价飞涨的今天，两个人过得紧巴巴的。

看看陈丽，再想想自己，曾经亲密无间的朋友，像是被不同的生活际遇给割开了，赵颖很嫉妒。面对陈丽诚恳的邀请，她不知道怎么面对：如今两个人明显分属于不同的生活圈，还有什么共同话题？柴、米、油、盐，精打细算的生活，置身于大别墅里的陈丽怎么能体会？既然没有引起共鸣的话题，赴约就没有意义了；可是假如不赴约，反倒显得小气。电话里赵颖故作轻松地开玩笑："我一定去！我得看看你的幸福生活，不过这对我的心理素质可是一个巨大的考验哦！"

陈丽的家，一如赵颖想象中的宽敞与奢华，有专门佣人、专门厨师，餐桌上各种各样的美味菜肴，有些竟然是她从来没有尝过的。陈丽将一盘宫保鸡丁放到她面前："喏，我记得你以前最爱吃这个，专门让厨师给你做的。"赵颖有些感动，她记得如此清楚。一盘普通的宫保鸡丁在一桌子精致的菜肴中显得异常突兀，就像是她一样，置身在一个华丽的家中，却显得那么寒酸。

餐桌旁佣人侍立，赵颖和陈丽没有空间谈谈各自婚后的生活。吃完饭，陈丽迫不及待地将赵颖拉进自己的书房，她们终于回到之前的同事时光，在沙发里坐着，放松地聊天。

赵颖对陈丽由衷地说："我真羡慕你，你知不知道，现在我认识的人里，你是生活最好的。"陈丽深深地看着她，良久感慨地说："你知不知道？其实我也非常羡慕你！有自己的想法与追求，每天做着自己喜欢的工作，勤勤恳恳地工作换来属于自己的成绩，老公又非常疼爱你，你还有什么不满足的？我尽管在经济有一点，但有什么意思？钱，可以满足物质条件，但它仅仅是账户上不断上涨的数字，买不来快乐，买不来充实。我整天都独自待在家里，他很忙，不能像普通男人那样每天都陪着我。我一个人守着座大房子，无所事事，数着指头过日子，每天都特别难熬，有时候我真的觉得这样的生活简直和猪没有什么区别！"

赵丽颖大大地惊异了：她最羡慕的人是我？可是仔细想想，陈丽的感受，也是真切的吧！

在网络上曾发表过这样一个真实故事：

萨伊特曾经是埃及的一位政府高官，34 岁时就坐上了副市长的位置，前程

简直是一片灿烂。但是，就在他飞黄腾达时，他主管的城市却莫名发生了一场大火灾，死伤很多。他被免职，那年他刚刚 37 岁。

离官退位之后，萨伊特回到自己的家乡，过起了最普通的平民百姓生活。他在自己的菜园里种菜、施肥、捉虫，做完这些活计，闲下来就会走村串巷，收集一些民间陶器作为自己的爱好。

许多人为萨伊特惋惜，可是他却自得其乐，过得安心自在，不怀念过去的富贵，也从不曾羡慕过去朋友的奢侈生活。他凭借自己的知识与才能，很快就在收藏上有了一些成就，竟然收集到了几十件世界顶级的民间珍宝。

有的人问萨伊特："你是如何快速在收藏上有这么大成就的？"他说："这与我的生活方式有关，我过得很简单，不羡慕别人，生活安静舒适，我能够一心一意地鉴别陶器。"

不羡慕别人的生活，道理如此简单，但是又多么深刻。萨伊特不仅摆脱了烦恼，更是把收藏做到了罕见的顶端——生活中很多事情会给我们造成困扰，但是往往会让我们感到不安的并不是我们自己，而是别人的生活以及生活模式。

最初看到这个故事时，我没有多么大的感触，相反倒觉得那都是一些站着说话不腰疼的人在说一些无关痛痒的感悟。可是，对于像陈丽这样发出感慨的人，就会知道，自己犯了一个错误。

婚姻，如人饮水，冷暖自知，不要羡慕别人，要珍惜已经拥有的。婚姻中的两个人彼此牵手同行，不免会磕磕碰碰，不要抱怨，也不要争执，重要的是珍惜彼此的好，珍惜彼此的爱和付出。

懂得珍惜，婚姻才能越走越幸福；懂得珍惜，爱才会天长地久。婚姻，其实很简单，懂得珍惜就会圆满；懂得珍惜，就会幸福 。

做好自己，相信对方

不久之前，一个朋友打电话给我，说了他最近的烦恼。

朋友婚内出轨，对方是工作中认识的一个实习生。一天，朋友上班忘记带手机，正好老婆有急事想要找他的一个朋友，就顺手把他手机拿起来，找他朋友的号码。他手机有密码，但是老婆试了几次就解密了。然后，朋友与那个小姑娘的微信聊天记录就暴露在老婆眼前。此时，朋友跟那个实习生已经相处了半年时间。

自两人结婚以来，老婆从来都不看他的手机，而且手机上有密码，因此他也很放心，聊天记录他都没删。手机里，有他与那个姑娘的聊天记录，各种甜言蜜语，约会开房记录，情人节互送礼物，出差的时候常常聊天到深夜两三点，视频通话也常常超过两个小时……可以想象，他老婆当时心理阴影的面积。

一直坚信的东西在眼前崩坏，可想而知，对老婆的打击多大。随后，老婆开始闹离婚。他不想离，知道自己做错了，于是快速跟那个实习生做了了断，并向老婆道歉，承诺之后决不再犯。

他老婆其实也不想离婚，只是没有办法再相信他。他只要下班晚回家一会儿，她就会疯了一样给他打电话，十几、二十个地打；他开会不接电话，她就会直接冲到单位去找人；他上厕所的时间长一些，她都会呼啦一下打开厕所门，冲进去看他拿着手机在给谁发信息；他偶尔发一下呆，老婆就会莫名生气，责问他在想哪个女人……

她随时随地会想起那件事，只要一想起来就会没完没了地对他进行盘问：去年拿回来那件衬衫是不是那个女人送的？ 3 月份去上海出差是不是带着她一起去的？你们究竟什么时候开始的？你喜欢她什么？到底之后还有没有联系？之前那么如胶似漆怎么可能说断就断？

朋友要时时刻刻向老婆汇报自己的行踪，不可以加班，不可以出差；要随时回答她的审问，不断地解释自己当时出轨的原因，只要他不忍让，就会引发暴吵。

事发之后，他们便一直分房睡，但是老婆经常会在半夜的时候跑过去推醒他，让他滚：“回家睡什么睡，你去找那个女人啊！”

“太痛苦了，日子真没法过了。”他说，“我真的与那个姑娘断了，也和老婆道了 N 次歉，但是我的老婆就是不依不饶，拼命拿这件事折磨我，这样有意思吗？她既然不同意离婚，为什么就不能放过我、也放过自己，让这事过去，两人继续好好往下过不行吗？”

我对朋友说：“你老婆也想好好过日子，但是没办法相信你。因为你们之间的信任已经被破坏了，她一直拿这件事折腾，就是很好的证明。”

幸福的婚姻，不单要做好自己，还要相信对方，要信任这个要和你过一生的人。

走进婚姻围城时，人们都渴望自己的婚姻可以幸福美满持久。但是，现代人的婚姻却越来越像一个精致的瓷器，精美却十分脆弱，一不小心就有可能摔得粉碎。

如今网络发达，太多破碎的婚姻被人们了解，见得越多，对婚姻就越没信心；对婚姻越没信心，越容易导致婚姻的结束。那么，如何才能够得到幸福的婚姻呢？信任是幸福婚姻的前提之一，也是彼此幸福婚姻的基础。夫妻之间缺少了最基本的信任，家庭关系自然就容易出现裂痕。因此，夫妻双方一定要彼此信任。

现实中，许多事例都说明夫妻之间非常容易缺乏信任：

丈夫与别人打电话的时间超过 20 分钟，妻子就会马上询问他和谁在通电话；

丈夫去外地出差时，妻子担心他会与别人在一起；

丈夫不在家时，妻子想偷看丈夫的私人物品；

……

结婚几年，夫妻二人早已经从你侬我侬变成了亲情。于是，感性的女人，在日常生活中，会不断地向理性的男人及自己的内心发问：“他是不是已经不爱我了？”“他还在乎我吗？”于是，就有了这样或那样的猜疑及不信任。

缺乏信任的关系，无法造就幸福的婚姻。很多时候，一件事情，你相信它好，它就能够变得更好；你相信它会变坏，结果真的会变坏。不信任自己的妻子或丈夫，经常怀疑对方，就会伤害彼此的感情，以至夫妻之间的猜疑与隔阂越来越深、越厚，导致劳燕分飞。

冯璐的老公是一家 IT 公司的经理，刚结婚时老公晚归，冯璐就会想可能是路上塞车了，或者是在公司加班。不论老公回来多晚，她都会深情款款地等待他的归来，那时两人的感情特别好，从来不吵架。

结婚七年后，老公晚归，饭菜变凉，孩子想要吃饭，总是嚷着肚子饿，冯璐便开始无端地猜测：他是不是有外遇了，还是在哪个酒吧与狐朋狗友鬼混？如果朋友告诉她，曾看到她老公和一个女人走得很近，冯璐就会感到紧张兮兮，不是打电话给老公问他在干什么，就是翻看他的通信记录，甚至有时候还会跟踪老公。

事实上，冯璐的老公是个对家庭上心、对工作敬业的好男人，为了生计忙碌奔波，从不抱怨一句；作为单位的高层，也是鞠躬尽瘁、尽心尽力。虽然没有什么可疑的迹象，但是冯璐还是偏激地觉得，老公不像以前那么在乎自己了。老公解释说，自己与异性的交往仅限于同部门的女同事，都是工作关系。可是，冯璐还是开始了怀疑与指责，原本安逸和睦的家庭笼罩上了一层猜忌阴郁，结果老公回家的时间越来越晚。

丈夫是女人在世上除父母子女之外最亲近、最值得信赖的人，既然能够让你托付终身，既然愿意与其相伴，就不应该彼此怀疑、猜忌，更别说跟踪探察了，一定要互相信任。

信任是维系夫妻感情的重要纽带，是情感升华非常重要的环节，是婚姻的基石。只有坚定地相信你们的婚姻，坚定地相信自己的丈夫，用真心换真心，才可能拥有一段美好的婚姻，幸福才能随之而来。

因此，千万不要把丈夫当贼一样防着，更不能随意翻看他的衣服口袋、查他的通信记录，那样的小动作很伤人，也会造成夫妻间的隔阂，还会让他的爱在不经意中慢慢消散。

心存怀疑，你的内心就会变得痛苦不堪，假如心生信任，你的心境自然会豁然开朗。对丈夫是不是信任，并不只是为了他而做出的选择，也是为了自己的快乐、幸福。

信任是妻子对丈夫最好的尊重，是无坚不摧的利器。不论谁想破坏你的家庭，只要你对他的信任一直存在，你的家就会变得牢不可破。一定要记住："爱他，就要信任他！"

放下贪念，就会带来满足

志明被老婆扫地出门了，这事在单位里闹得沸沸扬扬。他本来有一个幸福和睦的家庭，贤惠漂亮的老婆、聪颖好学的儿子，一路走来，顺风顺水。可是，或许是因为太顺利了，他却嫌生活太平淡，在和朋友歌厅K歌时，看上一个年轻的服务员，人长得不错，也够风骚，便想占点便宜、找点刺激。

贪念一上来，便是一个深渊，欲壑难填，原本只想来一个一夜情，一经放纵，便纳到暗处当作小三。殊不知，却给自己的婚姻埋了毒瘤。

小三也有贪念，她瞅准志明的身份地位，正式单位、薪水丰厚、有房有车，便处心积虑想要转正。志明不同意，他还没傻到扶个小三上位。他的初衷只是想背着老婆，搞点“福利”。

是毒瘤，终究要扩散。小三悄悄怀上了他的孩子，然后居然理直气壮地上门找他老婆谈判，希望她可以主动让位。老婆特别诧异，万万没想到，丈夫会做出如此离德的事情。

小三走后，她抓住志明就打，边打边骂。志明自认理亏，既不挣扎，也不反抗，任老婆发泄。等老婆打够了、骂累了，志明就给老婆跪下了，希望老婆可以原谅他！

一气之下，老婆病倒了。小三却拿肚子里的孩子要挟他，逼他离婚娶她，否则就要赔偿自己的经济损失，不同意就去他单位闹事，打官司告他。

志明这才发现，小三不是个善茬，像只虱子，只要一沾身，便很难抖落。为

了保住自家的财产，他思前想后，想出一条对策：跟妻子假离婚，离婚协议上标明，因为他出轨所以净身出户，让小三捞不到好处，这样就能放弃对他的纠缠。

盘算打得很好。他请求老婆配合自己，共同对付小三，等小三滚蛋后，他们就复婚。老婆对他的爱已死，对他的所作所为只觉得恶心。志明再三表示，以后会用行动向老婆进行忏悔，只要老婆能给他一次机会。

一切都按他的设计进行。离婚后，为了给小三造成真离婚的假象，志明不回家，也不继续与老婆来往，住在单位。小三一看没有什么可图了，找人到他单位将他揍了一顿，还抢走了他的手机及身上所有的现金。

等到小三这边风平浪静，志明终于可以光明正大地回家了。本打算与老婆商议复婚事情，岂不知，他们的婚姻早就在他背叛的那一刻执行了死刑。

人生本来就不是完美的，有所得，必然有所失。得到的同时，又不想要失去什么，或者得到了却还不满足，日积月累就会变为一种心理障碍，“贪心”就是产生这种心理障碍的根源。在婚姻关系中，贪念是扼杀幸福的毒瘤。只有懂得知足常乐，才能够获得真正的幸福。

西方有七宗罪，分别是傲慢、妒忌、暴怒、懒惰、贪婪、贪食及色欲。人世中，最能束缚人心、让人心动荡、内心痛苦的就是贪欲。男女之间一旦动了心，便很容易丧失理智，控制不住自己的内心。

男女之情非常苦，是自私的、狭隘的，一旦动了这种心思，就会与他人形成一种对抗局面，就会变得自私。自古以来，很多文学作品、小说、电影、电视、戏剧中都在宣扬男女之情多么美好，多么让人向往，大家也非常喜欢看。但是，这种美很多都是凄凉的，结局很惨。

内心的执念是痛苦的根源，不在于两个人是分是合，只要对对方的执念一直放不下，就会有想占有对方或想控制对方的想法。可能也会为对方付出，为对方担心、忧虑，但是这种付出、担心及忧虑都是有目的的，根本都是想要占有对方、控制对方，想让对方成为自己的一部分，为自己生活。

每个人都希望自在、自由，谁都不想被他人控制或束缚，可以暂时让对方接受你，但是假如你的占有、控制之心十分强烈，对方接受不了，就会产生斗争，或吵闹、或远离、或是另觅他人。这种情况下，就会产生怨恨心理，会想“我对你那么好，为你付出了那么多。你竟然这样对我”。或者，还会偏执地觉得，是别人夺走了他，从而开始怨恨另一个人。

男女之间的本质其实是占有，因此就会出现很多因爱生恨的事情。刚开始的时候两个人还很好，但是后来就产生了冲突、斗争，然后开始彼此怨恨。当家人或朋友提出一些建议，一方甚至还会心生不满，让自己一直生活在怨恨及痛苦中，不可控制、不能自拔。

陷入到这种情景中这么痛苦，为什么心里还放不下？还在贪恋什么？贪恋对方对你的关心与照顾，贪恋对方全心全意为你的付出。

要想快乐，首先就要在心里放下对男女之情的执着，把对对方的照顾由私心升华成一种慈悲。慈悲是不自私的，是不需要回报的，只讲究奉献与付出，让对方感到自由与选择。自己慈悲了，内心才不会贪；不贪才能快乐，对方也将会感到自在与快乐。

常怀感恩，珍惜已有的幸福

很多人的心里都有这样一种思想误区：对其他人都很好，常心怀感恩，但是唯独对自己的老公或老婆不那么客气。觉得，作为夫妻，为对方付出是很理直气壮的事情，不仅是一种义务，更是一种责任。

我们经常会听到夫妻说：我是你妻子（老公），不要那么客气！其实，爱的积累是感恩的积累，人都是需要感恩戴德的，夫妻之间也是一样的道理。

夫妻之间，怀着一颗感恩的心来融洽关系，就可以由衷地感觉到每天的美好，每天的太阳都是如此温暖，每天的月亮都是如此皎洁，每天的星星是如此闪烁……所有的人都是可亲可爱的，夫妻之间没有解决不了的矛盾。

夫妻的相处之道，不是什么事都要争个高低输赢，而是在对方为自己做了一件事后可以心怀感激，就算是一件小事或举手之劳的事情，也应该表达出你的谢意。有时，一句看似普通的“谢谢”，就能酿成香甜的花蜜。

陈冰和妻子结婚十多年，两个人突然要闹离婚。刚刚结婚时，陈冰觉得妻子很贤惠，温柔，脾气好，把他与女儿都照顾得非常好。可时至今日，妻子当初的优点已经在岁月的侵蚀中变成了缺点，陈冰觉得生活没有一点生趣，他想结束这段婚姻，重新开始一种新的生活。

回到父母家里，母亲正在给中风的父亲擦拭身体，陈冰赶忙上去搭手。父亲的脸被疾病折磨得不再像当初一样健康，从喉咙里发出奇怪的声音。母亲本来话就非常少，自从父亲生病之后，整个家就更安静了，像一个冰窖。但是，只要父亲哪里不舒服了，母亲便会当即来到父亲的床前伺候。

陈冰仿佛在父母的身上看到自己与妻子的影子，他与妻子又何尝不是这个状态？他应该感激自己的妻子才对，是她无微不至地照顾了自己那么多年。陈冰醒悟后，立刻折回自己的家，他想，这个时候妻子也许正在等着他回家。

从步入婚姻的第一天开始就要做好准备，因为感情不会一直保持新鲜。如果想让婚姻一直保持新鲜，就要不停地经营、施肥，两个人心态也需要不断地进行调整，以便适应爱情的转变。当婚姻的枯水期到来时，除了要学会细心经营，还必须学会感恩。

两个人从陌生人变成最亲密的人就是缘分，每天早晨醒来，看着睡在自己身旁的爱人，要心怀感恩，感谢她 / 他陪伴自己走过的每一天。只有学会感恩，才懂得珍惜，珍惜是夫妻双方维持感情的一个基础。

花店前，每天黄昏，老板都能看到一位老先生推着轮椅上的老妇人从花店门前经过。隔三岔五，老先生就会停下来买一朵或一束鲜花。每每那时，店主的心就会涌起一股深深的感动。

那对老夫妇的头发花白，已经年过六旬。老先生身材还算硬朗，腰板笔直。老妇人则下肢瘫痪，应该是中风，歪着头，流着口水，缩在轮椅上。老先生的脸上却没有丝毫的嫌弃，一直挂着温柔的笑容，慢悠悠地推着轮椅，并时不时对老伴说着什么。

老板会被这样的感情所打动，因为互相扶持到老是多么不容易。有一次，老板对进来买鲜花的老先生说：“老爷爷，您对奶奶真是好，白头偕老啊！”

老先生淡淡地笑了，把刚挑好的一朵鲜花递到哆哆嗦嗦的老妇人面前，深情地看了她一眼，眼中饱含了深深的爱意与感恩。他说：“我年轻的时候是个海员，在家的时间非常少，多亏有她操持家务，照顾孩子和老人。现在我退休了，孩子

们也都相继成家立业，也是我报答她的时候了。”

我们不能保证夫妻之间的爱情一直不变、直到永远，但是感恩的心却要根深蒂固。常言道“一日夫妻百日恩”，其实就是强调夫妻间恩情的重要性。只有夫妻间相互感恩，才能保持家庭的稳定。

感恩能够化解很多矛盾，也会让你觉得家是幸福与温馨的。毕竟，再恩爱的夫妻也会有不满与哀怨，因为他们需要面对外界的种种诱惑，需要面对柴米油盐的琐事。不过，所有的不满与哀怨都不会变成积怨，因为积怨一多就会变成怨恨、就会变成夫妻间的冷漠与失望。最终，彼此之间所有的初衷与恩爱都被忽略或遗忘。因此，夫妻之间一定要保持感恩之心。

随着时间的流逝，夫妻间的爱会慢慢演变成一种亲情。这种爱，经过了时间与岁月的洗礼，会逐渐趋于朴实平淡。在年轻人的眼中，也许这样的夫妻感情不能叫作爱情。其实，这种爱才是真正根植于人内心的情感，这样的感情才是最真实的。

现实生活中，有的夫妻知道什么是相爱，但是不懂得什么是感恩；有的夫妻之间没有爱情，但是为了有别于别人的恩情而选择在一起。然而，缺少任何一个方面，夫妻之间都会产生危机，这些危机常常会影响到夫妻之间的感情，使夫妻情感世界变得更加矛盾。

感恩不等于爱情，但是真正懂得爱情的人一定懂得感恩。

感恩，其实就是理解与感激。理解你的好，感激你的付出，才是健康的爱情。学会感恩是夫妻之间的必修课，将爱情与感恩融在生命中，我们的生活就会变得更加幸福。

第五章

遇到分歧与争吵：有话好好说

吵架为哪般？争对错、说服对方、互相指责

在学员彤彤还未出嫁时，就被老妈循循教导："将来和老公有了矛盾，一定要让对方认错，第一次不压下他的威风，以后他就会骑到你的头上。你看，你爸还不是让我教训得服服帖帖的。"想起唯唯诺诺的爸爸，彤彤一阵好笑，老妈的"驯夫术"看起来确实很有效。

很快，彤彤就恋爱了。男友脾气挺好，有时候两人也会拌嘴，可是每次都是架还没吵起来，男友就抢着道了歉。彤彤觉得不错，起码符合妈妈的标准，于是两人很快结婚。

可是，结婚后，两人整天都在一起，矛盾渐渐暴露出来：本来说好了要看爱情电影，可是走到售票厅时，他又想看科幻片；本来将鲜花摆在客厅挺好，可是他却坚持要放到卧室;本来他的肤色不适合穿白色,可他就是喜欢买白色衣服……为此，两人没少吵架。

彤彤吵架通常都有自己的步骤：首先，大声强调自己是对的，老公的思想完全错误；接着，截住老公的话头，滔滔不绝地阐述自己的理由；如果老公想为自己辩解几句，她就会再吼上一嗓子："不说了，这事儿就按我说的办。"

开始时，老公虽然不太高兴，但还是依着彤彤。看到老公低头认输，彤彤便觉得自己"驯夫"有效。有时候，甚至还会跟妈妈在电话里讲述自己的"驯夫"故事，似乎更胜妈妈一筹。后来，两人的争执越来越多，彤彤也变得越来越不可

理喻，老公不堪忍受，终于火气爆发，砸碎了家里的大花瓶。

夫妻之间相处，不可能总是风平浪静，难免会有所波澜，连再平静的湖面都会出现涟漪，更何况是两个有思想的人？两个人的世界，不可能每时每刻都保持同步，难免出现不同的意见。怎么办？大吵大闹，让对方信服自己，还是平和心态，多沟通？答案当然是后者。

两个人生活在一起，争吵在所难免，但是一定要记住：小吵怡情，大吵伤人！两人偶尔闹个矛盾非常正常，有时候吵架也是解决问题的一个好方法，总比一直闷在心里强，所以适度的争吵不一定是坏事。

但不可取的是，三天一小吵、五天一大吵，动不动就把家里闹得鸡飞狗跳，大人疲累，孩子痛苦，邻居、朋友受牵连。那么，夫妻在相处的过程中，为什么会吵架呢？

1. 经常会因为钱财问题引发争吵。

钱，是引起夫妻之间争吵的最大元凶。无法处理好财政的掌控权，很容易出现夫妻矛盾。经济基础决定婚姻建筑，婚姻是座围城，这座城堡是否牢固，就要取决于地基是否坚固。简而言之，就是指夫妻之间的经济基础是否坚强厚实。只有家庭的经济来源与收入足够应付日常生活开销，并且略有盈余，才可能过得有滋有味。

此外，家庭财政大权的掌控权，直接关系着婚姻的幸福。只不过，这个问题也要因人而异，每个家庭都有自己的解决之道，不能一刀切，需灵活应对，需要两人商量着来。总的原则是，不管谁掌控家庭财政大权，都不能将对方管得太死；否则，夫妻矛盾就会发生，严重者还会导致夫妻离婚。

2. 彼此猜忌，就会争吵不断。

如今，有钱的夫妻越来越多，小康生活已逐渐深入到普通老百姓的生活里。可是，钱包鼓了，男人却是不爱回家了。怎么回事？工作太忙？真是这样吗？男

人经常不回家，女人就会怀疑和猜忌。于是，只要男人一回到家，女人就会问：手机上的陌生号码是谁的？西服上怎么会有长头发？身上怎么会有香水味？……

如今的女人再不是过去的大门不出二门不迈，她们也有自己的交际圈，心眼小的男人就会怀疑女人出轨。看到女人跟男人吃饭，就觉得人家没干好事；看到女人跟男人遛弯，就觉得人家一定是红杏出墙……

怀疑猜忌的多了，就要质问；找不到答案，就要争吵……吵来吵去，婚姻就会出现裂痕。

3. 前任的介入，也会影响两人关系。

如今的人们都很豁达，即使结婚了，依然会跟前任保持朋友间的关系。可是，感情是自私的，看到对方的前任重新出现在生活里，或者人家还对前一段感情耿耿于怀……这时候，就很容易出现问题。此时，如果想维护婚姻的和谐，夫妻两人就要多沟通，更要跟前任保持适当的距离。总的来说就一句话：你可以和前任成朋友，但一定要划清界限，不要让你的另一半感到紧张。

4. 婆媳关系不和谐，很容易发生争吵。

遇上“愚孝”的丈夫，这可真是女人的一大悲哀。明明是婆婆故意刁难，受了一肚子委屈，本想让丈夫对自己安慰几句，可没想到却又遭丈夫的一顿数落：没有规矩、不孝顺！

如今的女人都是新女性，谁还愿意逆来顺受，自然忍受不了这样的欺负。一旦忍无可忍，夫妻之间就会刀戈相向；战争一触即发，伤身又伤心。

5. 围绕孩子的问题，也容易滋生争吵。

在孩子出生后，围绕孩子的教育很容易引起夫妻分歧与矛盾。

孩子的健康成长离不开父母的共同努力与培养。男人每天都在外面打拼，平时跟老婆和孩子相处时间很少。孩子在成长过程中，更多感受到的是母亲的慈爱，父亲只是一个符号。此外，夫妻之间对孩子的教育投入存在分歧与差别，会让夫妻产生无法调和的矛盾。

当然，引起夫妻之间争吵的原因还有很多，上面提到的这些却是罪魁祸首。虽然说“夫妻床头吵架床尾和”，但是吵多了也会影响感情。

为什么很生气

结婚之后，，大大小小的冲突在所难免。虽然说，有时夫妻之间的小争吵也是婚姻融洽的催化剂，有利于双方对美满、幸福生活的共同追求，然而，在婚姻问题中，夫妻吵架仍然是最常见的一大问题。

朋友跟妻子吵完架，给我打电话诉苦，“她简直是太不可理喻了。”朋友愤怒地说。

“我想知道，你告诉对方她很不可理喻吗？”我问。

“我当然要告诉她了，必须让她知道。”

“我猜，她肯定又会说‘你真麻木’了。”我说。

“是，她肯定会这样说。”他回答道，“我想用理性和逻辑说服她，而她却更加无理取闹。”

朋友还想继续说下去，但是我知道那样只会起反作用。于是，问了他另外一个问题：“你觉得，总去尝试一种行不通的方法比较理性吗？”

……

对于很多人来说，我们之所以会批评另一半“不理性”或“不可理喻”，多半是因为我们不赞同对方，所以如果想顺利地解决某个问题，就要少一点理性逻辑。

朋友之所以会抱怨妻子不理性，主要是因为，他妻子思考问题的时候总会使用半边脑，是专门负责直觉和感情的右半脑。但是，我们也可以反过来说，在朋友生气地抱怨时，也只用了半边脑，那就是专门负责数理逻辑的左半脑。如此，他们之间的争吵也只是用一个人的半边脑来批评另外一个人的半边脑。只不过，他们都用了自己擅长的半边脑而已。

对于朋友他们夫妻俩的事情，我很熟悉，因为他们的这种状态已经持续几个月了。每次吵完之后，朋友都会给我打电话，或者他妻子给我打电话。听得多了，我渐渐发现，朋友与妻子沟通时，总会不厌其烦地说服妻子接受他的观点，甚至还会贬低她。其实，就是因为朋友总是贬低自己的妻子，才让妻子一步步变得不可理喻。

如果朋友只是想跟我发泄一下，说清事实，他就不会随意给自己的妻子贴上标签，更不会跟她纠缠得没完没了。因为这样做，只能贬低别人，抬高自己。

人们常说："人生不如意之事，十之八九。"夫妻之间，几十年如一日地朝夕相处，磕磕碰碰产生误会、引起不快在所难免。碰到不如意的事，就生气、发怒，并不是正确处理不良情绪的宣泄方式，只会让婚姻在"大吵三六九、小吵天天有"中走向没落。

小梅、小林夫妇住我们楼上，两人都是公务员，郎才女貌，很般配。两人月收入颇丰，一家人根本不为经济发愁，结婚不到一年，就有了一个聪明伶俐的孩子，着实令人羡慕。

但是，结婚不到两年的时间，我们经常会听到楼上传来激烈的争吵声，有时还伴随着砸东西的声音，常常吵得昏天黑地，而且还是在人们睡觉之后。大晚上的，为了安心睡觉，也为了平息他们的怒火，我曾经敲过他们家两次门。果然，有人敲门，他们也就不吵了。可是，几天之后，战争照样爆发。搞得我们也是哭笑不得！

时间长了，我也对他们这对小夫妻的事情了解了一些。其实，他们很多时候吵得根本就没有道理。比如：

有一次，小梅让小林出去买东西，小林回来之后忘了拿收据。小梅担心没有收据不好退，觉得小林不会办事，就嘀咕："连一点小事都办不好""你还能办什么事情"……小林不高兴。这么热的天，自己辛苦出去买东西，非但不说点好听的，还啰唆。不就是张收据吗？又不是什么了不得的事情……最后，怒发冲冠，冲着小梅咆哮起来。

小梅本来就心里不舒服，于是各不相让，吵得不可开交，本来可以避免的不快最终以两败俱伤收场。为此，他们开始冷战、分居。小梅一个人生闷气，小林则躲在另一个卧室里抽烟或者干脆下班不回家，夫妻感情受到重创。之后，吵起来更是无法控制，两人感情渐渐变淡，怨恨渐渐增加。

借着爱情和婚姻为借口名正言顺地修理男人，以为一切胜券在握，毫无顾忌地自我发泄，只能一次次逼近男人的底线。

怒火是婚姻的毒药，每次发火都会对夫妻感情造成伤害，一定要慎重对待，正确处理好夫妻之间的矛盾，不能心胸狭窄、爱钻牛角尖、动辄生气。

为了调解自己的情绪，要努力寻找更好的方法进行沟通，避免因发怒而争吵。费尔说："我们一吵起来总是那样。她因为某事对我非常愤怒，然后就跑出去乱买衣服，我对此也很生气。我们为了钱而争吵、责骂，钱成了我们争吵的导火索。"

生气的理由有很多，但任何事情也不能成为你生气的真正理由。为何要生气，难道事情无法解决？方法总比问题多，出了问题，想办法解决不就行了，为何要为难对方、为难自己？

为什么不想理他了

很多夫妻一旦发生了冲突，最直接的发泄方式并不是厮杀，而是冷战，不搭理对方。两人有了矛盾，一方就会率先摆出一副“我以后再也不理你”的姿态；同时，另一方也会在心里嘀咕“不理就不理，谁怕谁啊”……两人谁也不服谁，谁也不示弱、谁也不妥协，于是冷战爆发。

“我跟她说话时，她总是一句话都不说；偶尔朝我看一眼，眼神也是冷冷的，跟冰刀一样，刺得我心疼，而且不会在我身上停留太久；上班、吃饭、睡觉，我们都是分开做，有时候她宁可迟到也不坐我的车……”每次冷战，朋友田祥都会私下跟我抱怨，“她永远都不会跟我吵，却对我说的话不感冒，已经一年多了，憋死我了。”

对于田祥妻子的冷战术，我是非常了解的，因为在他们谈恋爱时，当时还是女友的她就喜欢使用这一方法。比如：田祥不愿意掏钱给她买包买衣服，她便和他冷战，一冷就是几天；田祥迟到，她也和他冷战，一战就是几天。两人同居后，冷战的次数越来越多了，导致冷战的原因大到买车买房子，小到吃饭看电视。

我也曾劝过他们不要这样做，很伤感情的，可是他们依然这样。开始时，每次听了他们的抱怨，我还会劝说一番，后来索性也就不管了，只充当了他们的情绪“垃圾桶”。将情绪垃圾统统倾倒到我这里后，他们依然继续冷战。

一个月前，田祥约我吃饭，一见面就告诉我：自己终于解放了，两人恋爱两年、结婚两年，没想到最终却在冷战中“阵亡”了。

或许，女人在开始发动冷战时，就是为了惩罚一下男人，心想等他实在扛不住了，便会乖乖向自己承认错误。这可能真是一些女人的小伎俩，但这种方法一次两次管用，使用的次数多了，就会不灵验了。

在长期的冷战中，男人会逐渐形成应对冷战的“抗体”。你冷，我也冷；你不妥协，我也不求和。一旦到了这种地步，女人也就无法在冷战中占到便宜，反倒冷了男人的心，影响了双方的感情。长此以往，分手是早晚的事。

冷战中的男女，不论哪一方，内心都会极度地悲伤、气愤、无奈，有的将问题复杂化，有的甚至想到了分手。冷战，是一件伤身伤神伤人的事：两人不愿意沟通，情绪无从发泄，用冷落的方式惩罚对方，结果同时也折磨了自己。回避冲突，并不意味着可以彻底解决冲突，没有有效的交流，冲突依然是一颗不定时炸弹，迟早都要爆发。

大吵大闹后，有些夫妻就会保持距离，在接下来的几天或几个星期里，两人就会不再交谈，甚至连眼神上的接触都不愿意。于是，双方的交谈流于表面，竭力避免与另一半接触和亲近。也许这种模式看起来相安无事，但精神高度紧张。

一方面，你是如此渴望与对方建立亲密关系；另一方面，又担心遭受痛苦。在夫妻的相处过程中，冷战、不搭理对方是最伤害对方的一种形式。

首先，一定要让对方清楚，你是在什么事情上才不愿意搭理他的。冷战不是乱战，有针对性地开战才能让他更好地自我纠正错误。冷战一旦爆发，就要把控好冷战的尺度，比如：什么时候收场、怎么收场？即使不想跟他见面，也要保证24小时开机，方便他能随时找到你。退一步，没什么大不了。冷战持续时间太长，两人的感情便会出现危机，即便是恋爱几年的“老恋人”，也经不起冷战折腾。

两人一起生活，重要的不是输赢，而是怎样做才能双赢。两人能够重归于好，才是真正的胜利。既然已经承受不了冷战的寂寞，或者认识到自己的错误时，为何不先提出和解，尽早结束这场冷酷的战争？

为什么要让他也不好过

夫妻本是鸳鸯鸟，为何要让对方不好过？

如今，在网络上盛行一个词“凤凰男”。何为“凤凰男”？既然被冠以凤凰，肯定是天之骄子，而且还是男性。这类人群一般都来自贫苦家庭，靠着自己的努力考上了大学，毕业后留在城市工作，娶了城市女，住着女方提供的房，开着女孩父母提供的车。

多好的条件？这可是打着灯笼也难找。在这个房价满天飞的年代，不用买房、不用买车，就娶到一个城市媳妇，还不是天上掉馅饼。

可是，万事都是有人欢喜有人愁。在人们羡慕“凤凰男”时，众多的凤凰男则纷纷选择了离婚。为何？答：活得太憋屈。

周娃来自云南，寒窗苦读十年，不负众望，考上了北京的大学。毕业后，留在北京，娶了地地道道的北京女。丈母娘给他们买了房、买了车，周娃很感激，决定好好对待老两口。可是，人家根本就不尊重他。

周娃工作平平，没车，没房，自尊可是他的最后一根稻草。周娃忍让着，不管妻子的家人如何刁难都不反驳。周娃慢慢努力着，翅膀渐渐长硬，果断与妻子离婚，宁可净身出户也要分开。

凤凰男在农村老家，一说起来都很有面子。大学毕业，娶了大城市媳妇，有车有房，工作有前途，生活太滋润。人前是这样，可背后，女方一家总是把对凤凰男的恩情挂在嘴上，动不动就说：“你一农村来的，没有我们家帮助，你能有今天？”大恩如大仇，当凤凰男觉得这恩情怎么也还不了时，每次见到她、想起她，都会觉得欠她的。为了摆脱这种心理的痛苦，只能选择离开。

对那些在婚姻之路上摸索前行的人来说，所谓合适的人，就是两个人相处不累。在争吵过程中，不少夫妻总有一种心理：都想用自己“有理”来压服对方。结果，谁也不服谁，反而越说越有气。

其实，夫妻之间的争吵，一般都不存在什么原则性问题，许多是是非非纠缠在一起，不易分清，在头脑发热、情绪激动时更加讲不清。争吵到一定时间和一定程度，发现这样下去还不能解决问题，一方就要及时刹车，并提示对方休战。这并不是屈服、投降，而是表示冷静、理智。

夫妻关系的稳固离不开沟通，两人不想沟通而又不想让关系破裂，就会寻找各种方式去发泄自己内心的不满，于是这种折磨就开始了，要么冷战，要么没事找事，要么胡乱猜测。

恋爱容易，婚姻不易，且行且珍惜。婚姻跟恋爱不一样，婚姻是门大学问，需要用心经营。而要想经营好自己的婚姻，首先就要在生活中慢慢了解婚姻的真正含义。

人生短暂，既然能够在茫茫人海中结为夫妻，定是两人缘分不浅。虽说夫妻间吵吵闹闹也是一种增进感情的方式，但是吵架时不能说的话最好不要说。既然是夫妻，为何不让对方好好过？

徐志摩与陆小曼，本来也可以成为一对璧人。一个学富五斗、才华横溢，一个聪明活泼、端庄秀丽，可是却给我们演出了一幕悲剧。在这里，我们暂且不提他们的相识、相恋、成婚，仅来说说他们的婚姻。

陆小曼是家里的独生女，根本就不知道吃苦是什么滋味，她是社交场上的“皇后”，享受着众星捧月的感觉，浪漫，爱热闹。因此，即使徐志摩被父亲徐申如断绝了经济来源，她依然没有减少自己的各项开支。

为了满足陆小曼的花销需求，从来没为钱发愁过的徐志摩也只能不断东奔西走，为五所学校兼职，课余写诗文赚稿费……但这一切依然无法满足陆小曼的挥霍。他觉得很累，劝过陆小曼，但她毫不在意。

徐志摩再婚后，依然保持着诗人的浪漫多情，就连自己逛妓院、拈花惹草等事都事无巨细地告诉了陆小曼。他们两人不像夫妻，倒像是恋爱中的少男少女，互相折磨。

陆小曼坚守上海，徐志摩往返北京，爱得热烈，折磨得痛苦。

这样的婚姻，谁都不轻松。存在只是一种相互的折磨，只是让对方更加不好过。

在夫妻相处中，为何总要折磨对方，或相互折磨？

以爱的名义来行不爱之事，在夫妻间特别常见。张口闭口都是“我这样做是为了你好”“我这样做是因为我爱你”，其实，这根本就不是真的爱，而是控制，强烈的控制欲导致彼此之间互相折磨。

在塑造自己爱的能力过程中，首先要了解什么是爱、如何去爱一个人。要想爱一个人，首先就要了解对方，给对方所需要的，而不是强加给对方的，否则爱就变了味道。通过修习爱的技术，也可以大大减少对彼此的折磨。

步入婚姻后，每个人都知道安全感的重要性。没有足够的安全感，就会怀疑对方，会跟踪对方，就会每天翻阅对方的手机等。如果夫妻双方都是安全感缺乏，互相折磨就会成为家常便饭。因为这种折磨，会满足他们的内心安全感。

看清真相，主动妥协

婚姻的本质是给予和奉献，要想从另一半的身上获取自己希望获取的东西，首先就要学会妥协。

婚姻是一门妥协的艺术，在婚姻关系中，并不存在绝对的平等，无论是生活习惯还是为人处世的方式，总需要或多或少地调整和妥协，如此才能相处得更加自然和谐。

有些夫妻错误地认为，因为我爱你，我就有权利要求你按我喜欢的方式存在。如果对方也用这样的方式对待你，你能接受？每个人都是独特的个体，都有自己的个性，要暂时放弃自己的坚持。

有对80后小夫妻，老公叫王小军，老婆叫孙敏，离婚诉状是老婆孙敏提交的。诉状上写两人感情不和，但立案法官与孙敏交谈后了解到，小两口感情其实还可以，最大的矛盾在于两人都是独生子女，过年都想回自己家，谁也不愿意让步，所以就“不和”了。

孙敏来自江苏，王小军来自山东，两人都是独生子女。谈恋爱时，并不觉得将来去谁家过年会是大问题，还打算商量着办，可是最后居然根本没有商量的余地。

2009年春节，他们结婚后第一个春节，按照习俗，孙敏要陪王小军回山东婆家过年。路上，孙敏跟王小军说：“今年咱们回你家过，明年咱们就回我家过年，这样才公平，我爸妈也挺孤单的。”王小军没有反对，可是到了2010年春节当孙敏兴奋地想回家过年时，他却说：“男人去老婆家过年不像话，咱们还是回山东。”

孙敏最后妥协，同意除夕在山东过，大年初一一大早回江苏。可是，她万万没有想到，2011年春节王小军依然不同意陪她回娘家过年。两人争吵多次后，她认为王小军并不爱自己，更不爱她的家人。

王小军一肚子苦水。他是家中独子，是整个家族的长房长孙。他们那里非常重视“父权男权”，跟老婆去丈母娘家过年，不仅父母心里不舒服，亲戚朋友也会说闲话。几次冷战后，老婆递交了离婚诉状，并收拾东西回了娘家。

两人都是独生子女，究竟该去谁家过年？恐怕连法官都说不清。

世界上本来没有对错，只不过为了让人们更好地生活在地球上，人们才发明了对和错。

道德和法律是大是大非，容易判断对错，人们一般也不会争辩这些问题，但生活中一些小的对和错，却是很容易起分歧的，就像这小两口都想回自己老家过年一样。

实际生活中，除了大是大非，每个人的一些对错都有很大的区别，包括爱人之间。比如：如果你想去南方，正确的方法应该是往南走，往其他方向几乎都是错的。虽然往北走绕过南北极后，你也能到南方，但明显是个最笨的选择。如果你想去北方，往南走就是错的，往北走才正确。

生活中为什么大家的对错标准很多时候都不同，是因为每个人想要的目标都不一样。

前面提到的那对离婚夫妻，为什么争不出谁对谁错？因为两人的目标是不一样的，老婆的目标是公平解决婆家和娘家父母的孤独，第一年回婆家过年了，第二年就得回娘家；而老公的目标是遵守山东当地的习俗，让亲戚朋友不说闲话。

两人都是从自己的目标考虑问题，不愿意做出妥协，自然就会觉得对方不对。

婚姻是一门妥协的艺术，夫妻之间都需要站在对方的立场考虑问题。真正的爱也是需要考虑对方需求的，夫妻二人想要幸福地相伴一生，首先就要放弃一些自己的标准和目标，主动向对方靠拢，帮助对方实现一些目标，时间久了，俩人都妥协到了一定程度，俩人就站到了同样的位置上。有了共同目标，事情也就少了一些争执。这是很多人都想要的婚姻状态，可这样的状态却是二人不断妥协的结果。

一对夫妻结婚 10 年，相伴 10 年，吵闹 10 年。老婆整天都埋怨老公好吃懒做、不懂心疼人；老公则嫌老婆丢三落四、做事不动脑子……连清官都无法对家务事做出正确判断，何况是我们？夫妻生活在一起，很难说清楚谁是谁非。

夫妻双方的每次矛盾，大多数都是以数落对方开始，结果情绪越来越激动，甚至无法控制，最终以争吵得无趣而结束……每次争吵，都会伤害一次对方的感情；即使一方为另一方着想，也会因为彼此的隔阂而得不到对方的理解和认可。

还有一对夫妻，在一起生活了 20 多年，开始的时候两人都年轻气盛，整天也是“鸡吵鹅斗”。但渐渐地，夫妻二人都在岁月的磨砺中品味出了对方对自己的在乎，懂得了珍惜来自对方的关爱，更体会出应该回报和付出给对方更多的体贴和爱抚，从争吵中了解了对方的喜好，从对方的不满中去修正自己的不足，慢慢地尝试着去迎合对方的偏好，慢慢地先让步、妥协……后来，他们尝到了妥协的好处，于是矛盾化解，感情增进，家庭气氛越来越融洽。如今，他们即将走入银婚，恩爱之情丝毫不减当年。

随着岁月的流逝，夫妻俩人也会渐渐明白了，牵手一生的路还有很长，要想让平淡而琐碎的婚姻生活过得温馨和谐，首先就要营造一种快乐的生活氛围，让浪漫幸福贯穿在未来的夫妻生活里。夫妻之间产生矛盾是不可避免的，可怕的是，每个人都没有发现自己的问题，而是一味地指责对方，从来不曾学会妥协。

放弃不宽恕他/她的“理由”

《老头子总是不会错》是丹麦童话大师安徒生的经典名篇，大意是：

在一个乡村，有一对贫寒的老年夫妇。一天，他们打算将家里唯一值点钱的马拉到市场上卖掉，换点更有用的东西。

老太婆对老头子说：“今天镇上赶集，你骑着咱家的马到城里，把它卖点钱，换点好东西。你做事我都放心，快去赶集吧。”

老太婆为老头子裹好围巾，把它打成一个漂亮的蝴蝶结；然后，用自己的手掌心把老头的帽子擦了几下。同时，在他温暖的嘴上接了一个吻。老头子带着老太婆的殷殷嘱托上路了。

老头子很快就来到了集市，他先用自己的马跟别人换了一头母牛；接着，又用母牛换了一只羊；之后，再用羊换来一只肥鹅；然后，又把鹅换了母鸡；最后，用母鸡换了一大袋已经开始腐烂的苹果。

每次交换，老头都觉得，自己做的事老伴都需要，肯定会给老伴一个惊喜。得了满意的东西，老头便扛着烂苹果到一家小酒店歇脚，遇到两个有钱的英国人。

老头洋洋得意地给他们讲了自己赶集的经过，两个英国人听得哈哈大笑，说：“我们相信，等你回去，你的老婆子肯定会揍你一顿。”老头子坚称绝对不会，他信誓旦旦地对两个英国人说：“我将会得到一个

吻，而不是一顿痛打。她会说：老头子做的事儿总是对的。”

最后，英国人用一袋金币为赌注，跟着老头子一起回了家。老头子如此这般，又将这个经过跟老太婆讲了一遍，老太婆一直兴奋地听着。当听到老头子用一种东西换了另一种东西时，她都会用一种钦佩的表情和语气大声地表示肯定。

当她知道老头子用马最终换回一袋烂苹果时，还兴高采烈地说：“现在我必须吻你一下，我要告诉你一件事情。今天你离开后，我就想着晚上要做点好东西给你吃。我想做鸡蛋饼加点香菜，家里有鸡蛋，但没有香菜。我就到学校老师那儿去想跟他借几根香菜，结果老师的太太很吝啬，她说：‘我们菜园什么也不长，连烂苹果都没有，我连一个苹果都没法借给你。’不过现在我可以借给她10个，甚至一整袋子烂苹果都行。老头子，这真好笑！谢谢你，我的好丈夫。”老太太说完给了老头子一个吻。两个英国人心悦诚服地付给老头子一袋金币。

当我重温这篇故事时，我猛然发现，这个故事并不是写给孩子的童话，而是写给成人的婚姻读本。它通过一个有趣的故事，教给我们一个爱的道理：爱一个人，就是找到理由，宽恕对方。

面对只剩一半水的瓶子，苛求者会感到气愤，或者会沮丧地说：“怎么只剩下了半瓶水。”他为没有另外半瓶水而郁郁寡欢、牢骚满腹。而宽容者则会欣慰地说：“哇，还有半瓶子水呢！”他会为拥有剩下的半瓶水而感到欢欣鼓舞。

从这个故事我们依然可以看到宽容者和苛求者在生活态度上的乐观与悲观。宽容的乐观者与苛求的悲观者的不同就在于：前者很容易就能看到事物光明的一面，而后者只在意事物的阴暗面。

其实，不仅是对待生活，对待婚姻也应如此。婚姻中，也要用宽容的眼光看待不光明的一面，不要把眼睛总盯着不尽如人意的地方——这才是对待婚姻的正确态度。

著名作家三毛和丈夫荷西相知相爱的爱情早已为世人熟知，其实，在他们的幸福家庭也曾遭遇过“移情”的侵袭。

有一次，荷西喜欢上了一个美丽的同事。三毛知道后，没有一哭二闹三上吊，而是进行了冷静的思考，之后她把荷西和那个女同事找来，三个人进行了一次推心置腹的长谈。三毛说，如果荷西觉得与自己生活不幸福，而和女同事在一起更幸福，她愿意离开他，并为他俩祝福。荷西经过仔细思考后，果然中断了与女同事的交往，恢复了和三毛的感情。而那个女同事也为三毛的话所感动，成了三毛的挚友。

爱情，确实具有排他性，确实容不得半点沙子，可是如果一方有了外遇，最明智的做法就是，本着宽容的心态从感情和满足需要两方面做工作。通常，夫妻之间感情融洽、相处和谐，能满足彼此的心理和生理需要，人们都不会去找婚外情人。如果出现了这种问题，就要努力跟另一半交流感情，找到感情纽带断裂的症结，不能一味地责备对方、怨恨对方。

虽然说，做到这一点确实很难，可是这却是唯一正确有效的方法。反唇相讥、恶言相向、一心报复，只会让对方更加厌恶你，只会让你们的婚姻关系更加紧张，一旦陷入僵局，就不可扭转了。

只有宽容才能化解仇恨，只有忘却才能消融障碍，要不断地提醒自己：我既然选择了他，他也厚待了我自己，就要彼此珍惜。过去的事已经过去，他做的事也已经成了过去式，我也做了我该做的事，现在需要重视的是目前与未来。要将自己的注意力放在未来，要多一些宽容、谅解、关爱。

不要触碰原有的创伤

曾经有4年时间，电视心理学家麦克格劳每周都会出现在美国最有名气的脱口秀主持人奥普拉·温芙蕾主持的节目中。后来，他自己主持了一档脱口秀节目《菲尔博士》，并表示：他判断一对夫妻在结婚后5年内是否会离婚的准确率能够达到90%。

曾经，有对夫妻让《菲尔博士》节目到他们家里进行现场拍摄。在观看了录像后，麦克格劳立刻就断定，如果这对夫妻不能马上做出互相调整，不改变各自的行为方式，他们很快就会分手。原因何在？因为这对夫妻会为了衣着、金钱、家庭等任何问题发生争吵，且每次吵架方式都不变。麦克格劳说，吵架虽然是释放紧张心理的一种方式，对夫妻关系有好处，但必须就事论事，而不是翻老账、记旧仇。

我身边的很多女人都喜欢翻旧账，结果只能将简单的事情弄得很复杂。比如：公公婆婆去年过年给孩子的压岁钱很少，丈夫的死党经常到家里吃喝……总之，凡是跟丈夫有关的，曾经做过的有一点儿不周到的地方，都会被归结为丈夫的罪过。

学员晓丽和老公结婚三年，晓丽有过丰富的情感经历，一位已婚男人还追求过她，只不过两人交往不久就分开了。

老公大她6岁，情感史也不单纯。结婚前，老公追问晓丽的过去，晓丽如实地告诉了他："这就是我的过去，如果你无法接受，咱们就分手，我不会勉强你。”结果，老公说：“我非常爱你，你的一切我都不在乎。”可是，让人没有想到的是，晓丽的坦诚居然是噩梦的开始。

结婚之后，晓丽从来都没有做过背叛老公的事情，更没有与异性有任何的感情纠缠，只一心一意跟他在一起。可是，每次吵架时，老公都会把她的过去翻出来，骂她下贱。晓丽非常生气，以牙还牙，大翻老公的旧账。

后来，晓丽发现老公跟一个女人关系暧昧，暗示过他几次，但都没有效果。忍无可忍，晓丽只好直接问老公，结果老公依然摆出一副理直气壮的样子，将晓丽的过去翻了个底朝天，说：“我现在的行为比你过去好多了。”

晓丽很痛苦，觉得精神上的折磨远比肉体上的折磨更让人苦不堪言。她不明白，自己一直都小心翼翼地生活，为何逃不开这些噩梦？她想不通，自己对婚姻绝对忠诚，难道一个人一辈子都要背着曾经的过错生活吗？

夫妻间矛盾和争吵时，总是揪住对方的过去不放，不仅会让自己倍感疲惫和受伤，也容易伤害夫妻感情。两口子吵架了，你翻我旧账，我翻你旧账，这是一种延迟宣泄。如果某一方识时务、赔个笑脸，可能就烟消云散；如果两人互不相让，翻得甚欢，就会严重伤害到夫妻感情。

原本陌生的两个人现在却生活在了一起，争执无法避免，本来很正常。但一定要记住，要互相忍让、互相包容，不要翻旧账。如果吵架就事论事，针对的是一件事情，在适当范围内是有利于解决问题的；不加节制地翻老底，只能将吵架升级到人身攻击，着实不明智。

两口子之间马勺碰锅沿很正常，要想关系越来越稳定和谐就免不了磕磕碰碰，这是一种必然的磨合。只要不引起太过激烈的争吵，是可以理解的。但是，吵架不要翻旧账，这是夫妻相处要遵守的规矩之一。

翻旧账，只能将家庭矛盾翻个好几番。提起旧事，总会越说越气，越说越烦，各种不如意的情绪涌上脑袋；被动的那一方则会越听越委屈，越听越不服气。最终的结果就是：夫妻矛盾不断升级，家庭战争瞬间爆发，弄得一发而不可收拾。

翻旧账的目的往往是为了求得双方能够扯平。夫妻经过朝夕相处，对对方的优缺点、陈年往事已经非常了解，有足够的“把柄”掌握在自己手里。吵架时，轻率地拿出相互攻击，很容易伤到对方。过去的事情已经过去，无论当时对方有什么不恰当的表现，都不应该揪住不放。强迫对方回忆起痛苦的往事，很容易激发对方对你产生憎恨怨怼的情绪，幸福婚姻也就没有了。

告诉对方你要的，而不是你不想要的

为了避免出现冲突，很多夫妻都会尽量减少沟通。其实，对于婚姻来说，这是非常不健康的方式。沟通的目的不是为了让两个人达成一致，而是为了让双方都了解对方的态度和想法，做到真正的理解和包容，逐渐建立相濡以沫的默契。缺少了沟通，单独依靠猜测，一旦出现误差，就会让夫妻二人越来越陌生，距离越来越远。

很多人都不想将自己的真实想法说出来，更不愿意将自己的担心和软弱暴露给对方。其实，你面前的这个人，是要跟你相伴一生的人，有什么是不能让他了解的呢？只有不惧怕，坦然敞开自己的心扉，真诚地与对方沟通，才能换来对方全然的信任和爱，这样的夫妻关系即使发生了冲突和矛盾，也会在最短的时间里得到解决，甚至还会变成增进关系的因子。

“三八”妇女节那天，老公吃过晚饭后坐在客厅里看电视，老婆一边收拾碗筷、一边念叨：“今天，公司里女同事可开心了，因为有人收到了男朋友送来的一大捧玫瑰，有人收到了未婚夫赠送的精美手表，有人收到了丈夫送的时装……哎，我可没这个福气。”

老公听了，感觉有些不舒服，但又不想惹事，心想：这种话我平时听得太多了，或许她今天只是嘴上说说而已，不理她，她等会儿就会闭嘴了。于是，老公一心看着自己的电视，装作没听见。

老婆洗好碗后，坐到老公的身边，依然喋喋不休：“从咱们谈恋爱，

我就没有收到过你的礼物……现在的生活，真是无趣！”老公频频按动着手里的遥控器，表示内心的不满。可是，老婆似乎没有发觉，依旧唠叨个不停。

老公终于忍无可忍，把遥控器狠狠地扔在桌子上，对她大吼：“别总这么烦人好不好？嫁给我，你是不是感到后悔了？现在要是觉得有人比我更好，你趁早找他去。”老婆一下子闭了嘴。她瞪大眼睛，默默地看着他，眼睛里充满了失望和怨恨。两人对视了一小会儿，她独自走回卧室。

吵过之后，老公很后悔。其实，两人平时对对方都不错，感情也很好。但他就是烦老婆总拿这些事情跟人家比较，他倒觉得都是一家人，不用搞那些虚的。

生活中，很多男人都像案例中的老公一样，认为：结婚后，不用将妇女节、情人节、结婚纪念日等女人在意的节日放在心上，只要像普通日子一样过即可。其实，女人都希望得到丈夫的尊重，而这种尊重很可能就是一些不起眼的小礼物，或一些贴心的话语。

不要以为美满的婚姻就没有争吵，就像烧菜不能没有盐一样，世界上没有不争吵的夫妻，如果等到某一天两人连争吵的力气和情调都没有了，也就意味着婚姻已经走到了尽头。

夫妻争吵的过程是个不断磨合、不断适应、感情不断升华的过程。为什么会吵架？很多时候，都是因为我们总是无法明确地告诉对方自己想要什么，而是喜欢不断地唠叨。夫妻相处，明确地向对方表达出自己的想法，能避免很多争吵。

有一对夫妻，老婆要过生日，希望老公给自己买部新手机，她不愿意明说，总觉得说出来就是伸手要东西，特别没有意思。她认为：老公既然爱我，就应该懂我。于是，她在闲聊时，就跟老公讨论 iPhone7，两人聊了很多。她觉得，老公肯定了解了她的愿望。

转眼间生日到了，老公双手背在身后，让她闭上眼睛，神秘地说："亲爱的，我为你准备了一份礼物，你一定会喜欢。"她满怀期待地想，老公果然没让自己失望。结果睁开眼睛一看，却是一条项链。老公高兴地说："你喜欢首饰，我特意买了今年的新款，你一定开心吧！"老婆有些不高兴，觉得老公不理解她、不爱她。

在生活中，很多人都觉得，明确表达需要像乞求来的，不值钱。确实，如果你想喝水，他就把水杯送到唇边；你想睡觉，他就把枕头递过来，该有多好！可是，生活中这样的另一半又有多少？

有位丈夫对妻子不尊重，甚至还会当着朋友面使妻子难堪。如果妻子当时忍让，事后发发牢骚，对事情一点都没有影响。遇到这种情况，她完全可以冷静而坚决地对丈夫说："你不该说这种没有礼貌的、欺负人的话，朋友们跟我都会感到不安。如果你对我不满意，可以回家再说。"这时候，如果丈夫依然不改，妻子可以理直气壮地说："我已经提醒你不要这样无礼了，我不想在朋友面前跟你吵，但是我不能容忍你的行为，我回家了，以后再谈。"一次两次明确表明自己的态度，抵制丈夫的不良行为，最后丈夫多半都会改变自己的做法。

克制自己，不争口角的上风

家庭纠纷、夫妻争执，一般都是角度问题，而不是是非问题，没有固定答案。在争执的过程中，不要总想说服对方，可以努力体会一下对方的真正意思，或者比较一下两人之间的差距。学会低头，懂得妥协，多讲感情，真正理解对方，即使争吵输了，也能赢回感情。

在现实中，很多夫妻不懂得克制自己，只要一吵架，就想占据上风。通常夫妻吵架的主要原因在于觉得事情只有一个答案，吵架者的基本心态是“这件事一定是我对，我的另一半一定错了”。当两个人都这样想时，吵架自然就发生了。

学员小樱和老公都是那种火爆型的，一旦拌起嘴来，就像火星撞地球，常常吵得脸红脖子粗。

有一次，老公很晚才回到家，一进门小樱就抱怨：“你怎么才回来？一天到晚都看不到你，孩子都快不认识你了。家里就我一个人，干这干那，你都干什么去了？”

老公在外面辛苦了一天，正疲惫不堪，听到小樱的话，感到非常委屈，马上反击：“我不过回家晚了一点，加完班就马上回来了。同事拉我去酒吧放松，我都没去。在家时，家务我也没少卖力，凭什么说是你一个人干的？”听到老公的“诡辩”，小樱更生气：“这么说，你回来晚还有理了？”接着，又开始无休止的争辩。

吵架时，两口子都拼命抓住对方的语病，想找出对方逻辑的缺陷，集中火力而攻之，让对方没有招架的余地。可是，“争理”的过程中往往会“伤情”，即使赢了理，也会输了感情。婚姻中，如果你生气了，多半事情都是需要双方讨论。

夫妻俩说着说着就吵起架来，心里都会对对方充满怨气。怒气越发泄出来越强烈，骂得越多就越想骂，不断升级不可收拾。同时，压抑怒火也很危险，压着压着就爆发了，就像高压锅一样。发火之后继续吵下去，你很可能暂时占据了上风，迫使对方按照你的意愿行事，但即使你赢了，也会输了婚姻。一旦感情关系受到伤害，对方都可能变成忧郁的怨偶。

当你感到愤怒，或配偶发怒时，就要立刻停止对话或暂时转变话题，先谈谈无关紧要的事，或者走出房间喝杯水，等情绪平静下来再接着说。平息怒气后，更容易冷静地思考问题，更容易倾听对方的观点。如果睡觉之前吵起架来，最好先睡觉，因为困倦时候争吵更容易升级，带着怒气睡觉总比通宵打架好。第二天醒来，即使问题仍然存在，也会平心静气地沟通。

坚持“我是对的，你是错的”，这种态度会影响你听取配偶的想法。婚姻中，双方的想法都在起作用，对配偶的观点持厌恶态度预示着婚姻的失败。既然相互选择结为一对，就要多听听对方说得正确的地方，不能挑对方说错了什么；多接纳对方的观点，会让你们彼此更相爱。

夫妻在吵架时，千万不要为了争得口角的上风，牵扯出一大堆陈年旧事，更不能牵涉无辜，否则战场会无限扩大。不仅无法解决好原来的问题，还会衍生出一大堆新问题。

那么，如何解决这个问题呢？

首先，在开战前 30 秒，先问自己三个问题：究竟是什么在让自己生气？这件事情是否很糟糕，需要通过吵架来解决？吵架能解决问题吗？回答了这三个问题后，你会发现，有些事情根本不值得争吵，争口角的上风更是毫无意义。

其次，学会幽默。幽默可以展现出一个人的豁达品格和宽广胸怀，还是缓解夫妻之间口角与冲突、防止矛盾激化的一种妙法。夫妻之间发生口角时以幽默的态度相对，不仅可以避免将口角引向不可收拾的境地，还可以使对方转怒为喜，消除敌对情绪。如果夫妻争辩的语言幽默风趣，就会出现和谐、融洽的气氛。在幽默后再辅以道歉、安慰、亲昵等举动，夫妻则可以很快和好如初。

再次，不触及敏感点。夫妻之间发生口角时，不要选择往痛处打，不要朝着敏感点攻击。比如丈夫耻笑身材圆滚滚的妻子："也不照照镜子看看，自己现在是什么样，跟你走在一起，我都脸红。"这种方式很残酷，双方都要力戒。每个人都有自尊心，损害对方的自尊心，会伤了对方的心。

俗话说："树怕剥皮，人怕伤心。"在与另一半发生口角时，千万不能为了逞一时口舌之快而用敏感的话来刺痛对方。每对夫妻都应将这个简单的道理谨记于心，付诸行动。在有争议的事情上，一定要克制自己，婉转地进行交流。

及时解决小问题

夫妻关系中，许多女性都喜欢闹脾气、爱吵架，而另一半则可能并不知道自己究竟做错了什么。一些男人甚至还误以为女人比较喜欢吵架，让她们闹一闹、喊一喊，就没事了。其实，女人这样表现肯定有问题，遇到小问题一定要及时解决。

小燕每天都会拿一些鸡毛蒜皮的小事出来吵架，在丈夫李涛看来，她简直就是无理取闹。最近，公司在进行一个重要项目，李涛将自己的所有精力都放在了这个项目上，脑子里想的都是这件事情。

家里的热水器坏了，当天就要换，小燕让李涛路过超市时买个新的回来。李涛答应着，没想到临时公司开会，加上路上有个朋友打电话过来，聊着聊着就把这件事给忘了。回到家里，小燕问他："热水器呢？"李涛说："忘了。"小燕的脾气如暴风骤雨，说来就来。李涛逃也似的跑到超市，用最快的速度买了回来，小燕却余怒未消。

小燕为何会因为区区一个热水器而对老公发那么大火？真的是无理取闹吗？其实不然。所有的冲突、争执、意见不合，这些看起来微不足道的小事，背后都隐藏着一些等待处理的问题。

小燕对闺密说，李涛从来都不会将她的话放在心上。过去，让他做事时，总要强调好几遍。一次两次还好，老是这样，她就觉得老公不重视她、不爱她了。

吵架确实可以影响感情，但还是难免吵架。其实，很多时候吵架只是为了一

些鸡毛蒜皮的小事情。如果不为这些小事吵架，生活就会和谐很多，当然也会更加幸福。

下面就教给大家一些小技巧，来解决导致夫妻吵架的鸡毛蒜皮的小事情。

1. 家务问题。就事论事，不要升级

导致夫妻吵架的鸡毛蒜皮的小事，家务问题当排第一位。很多夫妻婚前都是甩手掌柜，吃饭都由父母递好筷子，婚后就容易因为家务争吵。例如，谁洗碗、谁打扫房间、谁倒垃圾，如果两人分配不好，就很容易发生争吵。

当夫妻因为家务发生争吵时，一定要就事论事，不能把陈谷子烂芝麻都拿出来抖搂，否则很容易导致矛盾升级。最好的办法是，两个人分工合作，一起完成。如果两人都不会做家务，不妨请个小时工。这样，既解决了家务难题，又不会引起争吵。

2. 金钱纠纷。让一步，海阔天空

夫妻本是一体，谁负责管理金钱，还不都是夫妻二人的钱吗？有了支出事项，还不是都得花？如果夫妻二人中，有一人比较懂理财，可以交给懂得理财的一方管理。如果谁也不服谁，那就各退一步，每个人管理自己的工资，然后建立一个平时家庭开销的共同账户。钱财乃身外物，影响夫妻感情不值得。记住，退一步海阔天空。

3. 婆媳大战。男人不要瞎掺和

婆媳问题也是夫妻吵架的常见原因，婆媳大战，说白了就是两个女人之间的战争，所以男人千万不要瞎掺和。无论偏帮哪一方，都会让矛盾升级。要么由着她们闹腾，要么各打五十大板。最好的方法是婚后小夫妻单独居住，将战争双方隔离开来。

不要总把“离婚”挂嘴边

拿结婚当儿戏，动不动就将“离婚”挂在嘴边，会伤害那个当初愿意和你结婚的人。不要觉得这两个字就是随口一说，时间长了，就变成真的了。

2006年大学毕业后郭婷进入一家企业工作。在新员工培训时，她了解到一个叫大明的男同事是她的校友兼老乡。后来，新员工被分到不同部门。因为跟其他同事还不熟，郭婷就跟大明打成了一片。

慢慢地，郭婷发现自己对大明有了好感，可她不敢向他表白，害怕这只是自己的一厢情愿，害怕被拒绝后会影响他们的友情。但是，从网上聊天中，郭婷能感受到大明对爱的渴望，也能感受到他对自己的好感。郭婷生日那天，收到了大明送来的玫瑰。就这样，他们恋爱了。

一年之后，两人领了结婚证，有了自己幸福的小家。虽然不奢华，却很温馨，两人憧憬着美好的未来。可是，生活远非想象中那样简单。郭婷和大明性格上有很多差异，婚后越来越突出。

郭婷对婚姻有着许多美好的憧憬，希望能像许多幸福的夫妻那样，每天下班后一起去超市买菜、一起进厨房做饭，两个人互敬互爱，共同烹调出家庭生活的滋味。可大明对这些却不以为然，宁死也不进厨房，把厨房看作男人的禁地。只要郭婷让他进厨房帮忙，他都百般推托。

年轻女孩对爱情和婚姻都会充满遐想，但郭婷的婚姻却平淡如白开水，没有一丝浪漫可言。结婚之后，大明把更多的时间都给了工作，很

少陪郭婷逛街或者出去玩。郭婷有所抱怨，可是他却说："如果年轻的时候不多努力，老了就没有保障。"

大明的话让郭婷无法反驳，生活没有情趣，还有什么意思？结婚后不久，一个朋友也要结婚，想到他们算是过来人，就让他俩陪他们一起选购结婚用品。商场里郭婷看中了一个便宜的小玩偶，故意在大明面前撒娇，缠着他给买一个，可他却漫不经心地回答："那是小女生玩的东西，我们都结婚了，还买那个干什么？"

虽然郭婷知道大明只是不懂表达，但仍对他很失望。一赌气，郭婷就放下玩偶一个人走了。大明看到她生气了，也很生气，觉得丢了面。那天，他俩大吵一架，不知道谁先把"离婚"两个字说了出来，这时他们结婚才四个多月。

后来，两人之间的矛盾越来越多，积累久了，吵架就成了家常便饭。他们都是倔脾气，一旦吵起来，谁也不让谁，鸡毛蒜皮的小事也能吵上几天。不知道从什么时候开始，"我不和你过了""离婚算了"等就开始出现在他们的吵架中。不到一年，婚姻就走到了尽头。

现代年轻夫妻爱用"逃离"解决矛盾，妻子张口就说，"离吧，这日子没法过了。"丈夫听了这话也不示弱："离就离。"相信这样经典的对白，在年轻夫妻的争吵中屡见不鲜。我想说的是，尽量不要随意用"离婚"这个词去伤害对方。

当你把"离婚"挂在嘴边时，潜台词就是"你不适合我，你很差劲"，不仅会挫伤对方的自尊心，也会给对方造成无形的压力。经常提"离婚"的人，真正离婚也是迟早的事。

结婚一年的新婚夫妻会提几次"离婚"？没有人统计过，但结婚一年内的新婚夫妻正是离婚"高危人群"之一。

为什么父辈对婚姻很慎重，而现在的年轻夫妇动不动就要"离婚"？原因就在于，父辈的婚姻受许多外因制约，比如社会伦理道德、他人的看法等，在夫妻关系中对另一半会比较包容。现代人在婚姻生活中更注重精神上的愉悦，更看重自己的感受，所以当两个人在一起发生矛盾时，最先想到的解决方法就是逃离，也就是赶快结束这段关系。已结婚的，放在嘴边的就是“离婚”；没结婚的，放在嘴边的就是“分手”。

夫妻两个人发生矛盾、争执，双方肯定会痛苦、烦恼，经常会被自己的坏情绪所淹没，容易把对方全盘否定，首先表现的就是逃离，比如离婚或离家出走；第二就是吵架或打架；第三表现为不知所措。

吵架时，一方总把“离婚”两字挂在嘴边。另一方一听“离婚”就恼火：离就离，谁怕谁！不将责任摆在第一位，以自己的感受为首要，感觉痛苦了，动不动就说“离婚”“分手”，其实就是给对方强化一个信息：“我们的关系很容易破裂。”潜台词就是“你不适合我”。让对方自尊心受挫，肯定会激化夫妻间的矛盾，加速婚姻的解体。

有些人提“离婚”，是为了威胁另一半。因为在他们看来，离婚是对另一半最大的惩罚，明知道另一半不可能跟自己离婚，但为了满足自己的愿望，就会用“离婚”来威胁另一半，目的就是希望对方妥协自己。

把“离婚”挂在嘴边上，对婚姻肯定有影响。当然，如果对另一半非常了解，双方又能以宽容的态度对待这件事情，发生离婚的可能性也不太大。但如果对方很在意这件事，就会引起内心的焦虑、怀疑，对婚姻失去信心，离婚就容易发生。

吵架也要讲原则

婚姻，并不是只要风平浪静就能幸福，太过平静的生活容易让爱情产生虚伪与背叛。因此，会吵架的夫妻才能收获美好的生活。吵架能够给平淡如水的婚姻添加调味剂，让双方有个宣泄与沟通的途径。先来看这样几个片段：

片段一：

小倩与老公费了九牛二虎之力，能借的都借了最后还贷了款，买下一套房子。新房入住，小倩想把他们剩下的钱全部用来装修，弄得华丽一点；老公却觉得每天早上醒来就感觉银行在后面催款，心里十分不踏实，装修上简洁干净就可以，手上留点现金以备不时之需。两口子各持己见，谁也不妥协，天天吵架。

吵到后来，内容已经不围绕装修的问题了。小倩说："你这样对未来没有一点信心，还像个男人吗？"老公则是指责道："娶你这样一个大手大脚不知道如何勤俭持家的老婆，哪天两个人都失业了，你想躺在华丽的卧室喝西北风吗？"买新房的高兴劲儿荡然无存。

片段二：

小贝在一家商场做促销员，老公李达是一家广告公司的业务员，收入比小贝高些，两人的收入都不算多，但是一家人消费足够了。尽管这样，两人依旧会因为经济问题吵个不停。

小贝的家在河北农村，兄弟姐妹好几个，家庭经济条件比较差。这些结婚前老公也都知道，并且表示家庭条件并不是结婚的重要条件，最主要是觉得小贝人品比较好，聪明孝顺，知书达理。在李达强烈的追求下，小贝也感受到了他的一颗真心，两个人相爱了。

一年之后，两人步入婚姻的殿堂。蜜月期，两人非常恩爱，有了矛盾，李达总是用幽默的方式排解矛盾，小贝心里美滋滋的，觉得自己找到了一个称心如意的郎君。但是结婚一年后，随着孩子的出生，两个人的经济负担顿时加重，矛盾便出现了。

令小贝感到郁闷的是，孩子出生后，李达经常因为经济危机与她吵架，还经常说一些刺耳的话来打击自己。比如，经常说小贝的父母家里穷，不能给他们家任何帮助，陪嫁的东西还那么少，兄弟姐妹到家里来又吃又喝……可是过了气头，老公依然对她不错，平时也没有什么过激的行为。小贝觉得因为这件事情总是吵架也不是一个办法，希望可以通过一些做法来改变老公的这个行为。

片段三：

刘承的妻子结婚前在一家出版社做校对工作，儿子出生后，她辞去工作，专心在家带孩子。按道理说，少了工作上的烦恼，两口子吵架的频率应该很低。没想到，两个人因为家庭琐事，吵得更凶。每次吵架之后，妻子都要回娘家住上几天，要不就是打电话把刘承的父母兄弟叫来，为她做主，说丈夫怎么不好。

刘承多次与妻子交流，希望他们不要吵架，即使吵架了之后也不要回娘家，或者不要把家里的事情说给外人听。但是，无论刘承怎么说，妻子就是不听。前些天，夫妻两人因为一点鸡毛蒜皮的小事又开始吵架，结果妻子跑了出去。前后折腾了半个月，妻子才愿意回家。现在只要妻子与他一吵架，刘承就不想在家里待下去了。

不要觉得美满的婚姻生活没有争吵，那是非常不切实际的。就像烧菜不能没有盐一样，可以说，世界上没有不争吵的夫妻。假如真的发展到连争吵的气力和情调都没有了，那婚姻也就没有什么激情了，将近尽头。

夫妻争吵的过程，其实就是一个不断磨合、不断理解、不断适应、不断升华感情的过程。为什么有的夫妻会越吵越亲密，有的人却吵得不可开交？妻子能够表达出对你的不满，就说明你需要改进自己了，不要等到不可收拾的地步，再去后悔。

夫妻之间不可能一直保持和和气气，总会出现一些矛盾或分歧，通过吵架往往可以直接地把彼此的观点表达出来。实际上，吵架可以分为恶性和良性两种。恶性的吵架没完没了，没有什么对错，能把芝麻大的小事升级到世界末日的境界。这种吵架消磨婚姻，折磨爱情，伤人伤己。良性的吵架是一种健康的夫妻关系，可以促成谅解，达成共识，宣泄彼此的负面情绪。

平时藏着掖着不愿说的话也能够通过吵架说出来，知道了彼此的真正想法，以后这样的问题就能避免，生活也会变得更加和谐。那么，怎样才能掌握好吵架的原则，不让婚姻因为吵架而被葬送呢？一般来讲，需要遵循以下这几个原则：

（1）先让自己冷静下来。发生争吵时，双方都要遵循冷处理的原则，不要总是想占上风，也不要非得让对方服从自己的观点。在双方心态都不冷静的情况下，问题是无法讲清楚的。冷静一段时间，彼此的气消了之后再进行处理，反而更容易解决。

（2）认真倾听对方的意见。任何一方都不能一直强调自己的观点，而不认真听对方的意见。要积极倾听对方的意见。

（3）抑制自己的冲动。在阐述自己意见时，应该心平气和地讲道理，千万不要冲动，声音不应该太大，有理不在声高，这样才不会被对方当作是在以势压人。

（4）不要抓住对方的缺点不放。争吵的时候切莫揭短，不要攻击对方的弱点，更不要扩大争论的范围及算旧账，否则只会让矛盾更加激化，导致感情的破裂。

（5）不要恶意打骂。不能用辱骂代替说理，更不能动手，以免造成无法弥补的精神创伤。

（6）尽量忍让。如果一方正感到身心疲劳或遇到不愉快事情而心情烦躁，另一方应该尽量避免争吵。因为这个时候对方一般都不太理智或情绪上比较容易激动，双方无法沟通。

（7）不要离家出走。争吵之后，任何一方都不能负气离家出走，摆出一副你不哄我我就不回去的姿态，会让夫妻双方的关系更加僵硬。

（8）不要赌气分居。夫妻发生争吵后，千万不要就此分房或分床而居。冷暴力、彼此互不理睬，不仅无法让双方的情绪平静下来，也不利于夫妻关系的改善。

（9）不要太记仇。争吵之后，不论谁是谁非，都不要用胜利者的姿态自居，更不能出现让失败者有失脸面的心理，一定要记住：夫妻争吵是件非常平常的事。

（10）不要轻言离婚。任何一方都不要用离婚来威胁对方，否则很容易造成彼此之间的误会。玩笑说得多了，很容易弄假成真，酿成自己都不愿意看到的或是不可收拾的后果。

第六章

让家托起孩子：和谐夫妻关系，惠及亲子关系

没有夫妻关系就没有亲子关系

2015年电视剧《虎妈猫爸》热播，一时间育儿话题也进入了白热化。如今虽然早已播完，但是只要想起来，依然印象深刻，尤其是有孩子的爸爸妈妈。

这部电视剧主要围绕两个话题来展开：一个是教育孩子，另一个就是斗小三。这里，咱们暂时先将斗小三的事情放在一边，来说说教育孩子的话题。

对于唐琳的教育观，我表示赞同，尤其是她所说的“夫妻关系大于亲子关系”。虽然这句话不是她最早提出来的，但我也非常坚信这一点。孩子出生后，将孩子当作家庭成员的中心，是非常错误的做法。夫妻关系是亲子关系的基础，夫妻关系不和谐，良好的亲子关系也就成了空中楼阁。

在心理学上有个公式：夫妻关系远重于亲子关系。对于家庭来说，最重要的关系就是夫妻关系。只有和谐的夫妻关系，才能洋溢出更多的爱，才能培养出身心健康的孩子。教育孩子，父母的综合素养以及夫妻间的感情才是最重要的。将亲子关系供奉在佛龛上，将所有的时间都花费在孩子身上，结果却可能南辕北辙。

学员小穆今年26岁，个子很高，长得很帅，但不管是在学校里、参军时，还是在工作后，他总是被他人欺负的对象。面对周围复杂的人际关系，他总是愁云满面。为何？其中一个原因就是，小穆的爸爸是个火车司机，平时不喜欢说话，一点都不关心家庭生活。于是，家务、孩子等所有的事情就都落在了小穆妈妈一个人身上。

妈妈不堪忍受，每天都唠唠叨叨的，发泄着自己对老公的不满。对于这样的爸爸，小穆也瞧不起。可是，他发现，自己却越来越像爸爸：不喜欢说话、感情压抑、不负责任。

当我听到这件事时，就知道，小穆之所以会造成这样的性格，主要在于父爱的缺失。

同样，还有一个叫小娜的孩子，其遭遇也让人感叹。

妈妈与爸爸的感情一直都不好，小娜从小到大都没有感受过家庭的温暖。再加上，她小时候被寄养到姥姥家，小娜总是无法从爸爸妈妈身上感受到家的感觉。为了弥补对女儿的愧疚，爸爸妈妈给小娜提供了很多资助，在她高中毕业后甚至还出钱让她去英国留学，可是小娜依然无法忘记父母当初对自己的“抛弃”。成年后，小娜总有种游戏人生的感觉，她不停地换男朋友，不停地出入酒吧……每一段感情都没有维持下去，似乎整天都在找另一半。

事实证明，夫妻关系不好的家庭，是无法处理好亲子关系的。大人之间不相爱，孩子就会缺少安全感；没有安全感，孩子的生命也就变得不健全。将亲子关系凌驾于夫妻关系上，简直就真的有些本末倒置了。

心理学告诉我们，童年时期的创伤会对一生都造成影响。内心不健康，就会失去对自己的信任，就会缺少安全感，即使跟父母相处，孩子也会表现出巨大的不认同。因此，夫妻双方需要教育好两个孩子：一个是自己生的孩子，一个是自己，需要在婚姻中不断学习。

有这样一个小游戏：

丈夫递给妻子满满一杯水，再给她三个空杯子，分别代表丈夫、自己和孩子，让她往三个杯子里分别倒水。这时候，三个杯子的水通常都不会等分，往往是孩子占据三分之二，另外两个杯子中的水却少得可怜。同样，丈夫和妻子互换角色，结果发现，丈夫倒给妻子杯子的水也非常少。

这个游戏虽然简单，但展现出来的问题却值得我们思考。无论是爸爸还是妈妈，对孩子的过分疼爱，都是自己缺爱的投射。缺少爱，就容易出问题，不管夫妻中的哪一方。夫妻关系是家庭的第一关系，一旦其他关系超越了这种关系，家庭定然出问题。那么在孩子出生后，该如何保持和谐亲密的夫妻关系呢？

1. 不要因为太重视孩子而忽视了丈夫或妻子

为了照顾孩子，大人们经常会让孩子跟自己一起睡，这样很容易跟另一半疏远。最好的方式，给孩子独立安排出一张床——婴儿床、儿童床。之后，根据孩子的心理特点，合理布置孩子的房间和床铺，安排孩子在这里休息。一定要记住，跟你关系最亲密的应该是妻子或丈夫，只要夫妻关系相处好了，亲子关系才能和谐。

2. 不管工作再忙，都要给妻子足够的浪漫

可以说，几乎所有的女人都喜欢浪漫，可以利用工作日中午休息的时间来个约会，吃顿美味午餐；一起出去看场电影，不要带孩子；共同看一本书，然后一起讨论；鼓励孩子一起给对方过生日，给她准备一份大礼物，让孩子准备一份小礼物；无论她在公司怎样，都像对待邻家女孩那样爱护她、爱怜她；将孩子留给老人，两人出去旅行……

3. 即使能力再强，也要适时向丈夫表达你的爱

女人天生就比男人更爱说话，不论什么话题，女性一般都是说话较多的一方。所以，为了维护和谐的夫妻关系，完全可以换种方式，向丈夫表达你的爱。比如，看电视时，给他做个按摩，给他捶捶背、揉揉肩膀。你给他揉肩，并不意味着你在家里就地位低下，而是一种爱的表达。

男人是家庭支柱

在家庭生活中，男性跟女性发挥着同样重要的作用。开始时，男性与孩子的关系可能还没那么亲密；可是，随着孩子的一天天长大，父子、父女关系就会产生效果。如果母亲不能将孩子的兴趣延伸到父亲，大多数都会出现危险。因为，父亲才是家庭的支柱。不要用女权主义思想限制了自己，更不要说什么男人可有可无，因为老祖宗早就告诉我们：男人，才是家庭的支柱！

感受不到父亲的存在，孩子的处境就会充满危险。父亲的角色缺失，而母亲总想将孩子搂在自己身边，将孩子绑缚在自己身边，会对孩子的生长造成恶劣影响。因为，在孩子的成长过程中，父亲根本就不能缺位。

在家庭中，父亲的主要工作有：当好妻子的另一半，做好孩子的同伴，成为社会的好成员；必须正确处理好生活中的三大问题：工作、友谊和爱。

首先，要平等地与妻子合作，照顾并保护自己的家庭。女性在家庭生活中的作用无法替代，不能贬低妻子，要跟妻子很好地合作。即使妻子比自己挣得多、能力比自己强，也不能大男子主义，应该跟妻子和谐相处。

其次，父亲对孩子的影响巨大。生活中，很多孩子都会将父亲看作自己的偶像或死敌。如果犯了错，孩子受到父亲的惩罚，心灵就会受到伤害。因此，一定要控制住自己的脾气，不要动辄惩罚孩子。

这里有两个案例：

案例一：

父亲能力很强，经营着一家公司，勤快、节俭、善良、宽容，工作很努力。在家里，他总是让着妻子，对妻子体贴入微，对孩子有耐心；从来都不会冲孩子乱发脾气，更没有打骂过孩子。母亲比父亲小 5 岁，母亲整洁、细心、精干，将家里打理得干干净净。儿子懂得感恩，跟周围的亲戚朋友都相处得很好。

案例二：

父亲是个军医，母亲是个家庭妇女。父亲大男子主义严重，经常打骂老婆、斥责孩子，大家都很怕他。家里不管发生了什么事，都要按他的意思办；有谁反对，就将眼睛瞪得老大，重视自己在家中的权威；贬低别人、不尊重别人，办事武断，与家人关系较紧张。家里一共有三个孩子，大孩子经常打骂弟弟妹妹，喜怒无常，经常发脾气，喜欢命令其他孩子做事。

比较上面的例子就可以发现，孩子的性格会受到父亲的影响。

在未成年前，孩子还不具备独立生活的能力，必须依赖别人；他们的认知发展也不完善，为了生存，就会主动适应周围的环境，模仿父亲的生活和认知模式。对于生活中的问题，如果父亲以一种积极有效的方法来对待，父亲就会成为家庭的必要分子、一个好丈夫、一个好父亲。这样的父亲平易近人，喜欢交朋友，有自己的兴趣爱好，懂合作。反之，结果完全相反。

一个确立了良好的形象、人格与父爱的好父亲，在家庭中所扮演的角色是别人无法代替的，会在潜移默化中熏陶孩子的气魄和志向，引导孩子的进取心；如果是女孩也会具备温柔、贤慧、聪颖等特质。

父亲是孩子健康成长的重要桥梁，在孩子成长路上不可替代。研究证明：在成长过程中，如果能够得到充足的父爱，孩子会长得更聪明、更具有人格魅力；父爱，足以影响孩子的心理和性格健康。那么，作为父亲，该如何做好家庭支柱呢？

1. 仔细考虑自己在亲子教育中所扮演的角色

如今，大多数父亲都在忙着工作、忙着挣钱，照顾家庭和教育孩子的任务一般都落在母亲身上。一旦父亲在亲子教育中的角色发生错位，孩子就会向着母系群体倾斜，孩子很容易出现心理问题，比如：男孩子的性格女孩化。

2. 父亲可以引导孩子正确认识和处理异性关系

孩子进入“性别辨认期”时，最早能分辨出来的就是父母。这时候，女孩子会根据父亲的行为特征归纳出男人的特征。今后，在生活中出现了男性形象，孩子都会和最早获得的这种男性范例进行比较。对于男孩来说，如果缺少父爱，他们就无法在男性的自信与自制之间找到平衡点，很容易陷入交友、求学和工作的困扰；对于女孩来说，父亲也会对他们的成长产生重要影响，有利于他们成年后对男性的正确认识。

3. 父亲善于引导，是孩子智慧的启蒙者

研究发现，与父亲相处时间多的孩子，智力水平往往更高，男孩更是如此。父亲在和孩子玩游戏时，他们会跟孩子一起操作、共同探讨，可以让孩子得到更多的启发。

女人是家庭后盾

世界首富比尔·盖茨接受主持人杨澜采访，杨澜问他："一生中你觉得自己最聪明的决定，是创建微软，还是大举慈善？"他回答说："都不是，我最聪明的决定是找合适的人结婚。"

女人对男人的重要性由此可见一般。

"一个成功男人的背后，总有一个默默付出的女人"这是一句被众人嚼烂的名句。听了这句话，有很多男人似乎还不屑一顾，女人真有那么重要？没有女人，难道我们就没法活？我想说的是，这些人也太高估了自己，只有家里有个贤内助，男人才能安心在外面打拼事业。

打拼事业是辛苦的，如果家里有个贤内助，当男人感到劳累时，就会回家休息，就会从妻子那里获得无穷的力量。家，永远是男人的避风港；娶什么样的女人，决定着男人的人生高度。如果女人整天只知道抱怨、只知道妒忌，生活就会一团糟，男人无心工作，事业定然会受到负面影响。

一直以来我都相信，母亲就是家庭的精神领袖，是家庭是否幸福的风向标，是老人、丈夫和孩子的中心。可以这样说，家庭是否安宁、安稳，完全取决于家里是否有个好母亲。

学员李梅大学时是个名符其实的校花，再加上她成绩优秀，是个典型的学霸，于是室友都管她叫"霸王花"。听起来，似乎挺霸气。她是男同学喜欢的对象、女同学的天敌，结果大学毕业后，直接嫁入豪门。她简直就是上帝的宠儿。

如果按照这个套路走下去，几乎就成了命运宠儿的样板工程。可是，世事难料，家族企业一夜崩盘，丈夫患不治之症身亡，工作不顺利……按照经验，遭此打击的女人一定会萎靡不振、脸色苍白、一脸哀怨……很难渡过难关。

在听说了她的遭遇后，我们几个同学策划了一个同学聚会，打算为她提供一些帮助。没想到，李梅得体大方，脸上并没有表现出什么苦楚，婉言谢绝了我们的捐赠："你们的心意我领了，谢谢！但我还没有到需要别人救助的地步。以后有需要了，我会直接跟你们说！"有人认为，李梅是太爱面子，强装硬撑。可是，后来我才发现，她生活得确实有滋有味。

那天，李梅邀请我们去她家吃饭，屋里虽然摆设简陋，但到处都养着鲜花，五光十色，别有一番情调。她儿子简直就是个阳光少年，说话风趣幽默，非常有礼貌，根本不像遭遇了生活打击。最后，在我们要离开的时候，男孩从满屋的鲜花中采摘了一些，用包装纸包好，送给我们每人一捧。

看到这样的情景，我的心里为之一振：虽然家里已经没有父亲，但李梅却完美的演绎出一个母亲的美好。

女人是家庭的一面镜子：温婉的女人会带来温婉的生活；强势的女人会让家里到处都充满咄咄逼人的气势；哀怨的女人，见人就抱怨，家里没有一丝喜乐……民间有句话："捉猪娃子看养猪婆。"话糙理不糙，说的也是这个道理。

女人是家庭幸福的风向标，是一个家庭的总指挥，会在不知不觉中影响着家庭的和调性，影响家庭的氛围，决定着孩子的成长。

诺贝尔文学奖获得者莫言，站在世界瞩目的诺贝尔文学奖领奖台上，他没有像许多人预期的那样谈文论志、吟古诵今，而是慢条斯理地讲述自己贫穷的、裹了小脚的、不识字的母亲。因为正是这样一个母亲，用最朴实的言行教会了他什么是梦想、如何处世，是母亲让他变得坚强、不屈、诚实、同情、宽容、理解……莫言觉得，母亲是他人生的导师。

婚姻的规律是：男主外，女主内。跟什么样的女人结婚，就决定了男人的未来。

男人对另一半的选择，不仅是因为他爱她，还代表着她认同他的价值观和生活观。

性格温婉的女人会将生活过成一首诗，她会重视男人的穿着打扮，会认真教导孩子，会认真装饰共同的家，生活质量定然不会差；强势的女人做事匆匆忙忙，会用最快的速度来应对家庭的琐碎，给人咄咄逼人的感觉，男人无法感受到对方的重视；哀怨的女人，整天只知道杞人忧天，发生一点小事也会烦丈夫，她们什么事都做不了，也不会照顾家人，家庭生活乱如麻，生活质量非常低。

德国大作家歌德也在文学艺术界有着巨大的成绩，他多次感慨地说，自己的成绩主要得益于温柔快乐的母亲。是母亲引领他在文学的海洋里徜徉，找到了快乐的源泉；他觉得母亲是他精神上的领袖，指引着他发现了人生的真、善、美。

娶一个好太太，旺三代！确实有道理。

女人决定着这一代人的幸福、下一代的快乐和上一代的健康。男人的穿衣品位、老人的健康状态和孩子的教养素质都可以体现出女人的生活态度和审美眼光。

女人通常都是家庭关系的“润滑剂”，是家庭甚至家族的联系枢纽，决定着家庭的气氛。女人性格柔婉，遇到问题时，不会用强硬的态度处理，会用撒娇卖萌等方式处理，家庭氛围容易调节，家庭气氛感觉良好，能守护住家庭的幸福。

聪明的女人面对婆媳矛盾，会站在婆婆角度思考问题，会主动退一步，不让丈夫夹在中间为难；她们会给丈夫留点空间，不咄咄逼人；父子之间发生了矛盾，女人会成为他们之间的调节剂，缓和关系。只有女主人懂得调节家庭关系，家庭气氛才温馨、和谐、美好。

妻子在，家就在，女人才是家庭的“定海神针”，决定着家庭的幸福。

父母形象是儿女的择偶标准

通过观察我发现，子女的择偶观与父母婚姻的美满程度有着密切的关系，尤其是女儿。

如果父母关系不错，女儿通常都会寻找跟父亲同一类型的男朋友；如果父母关系不好，女儿就会找个跟父亲不同类型的做男朋友；如果父母离异且跟着母亲一起长大，女儿就会对男人不太信任甚至怀有敌意……

侯芬的儿子工作两年，谈了个女朋友，前几天将女孩带回了家。女孩长相一般，性格比较柔弱，侯芬不是很满意。送走女孩后，侯芬对儿子说："你的工作这么忙，在你勇往直前时，这个女孩能不能担事？看着娇滴滴的。"没想到，一向与父母关系不错的儿子很生气，顶了侯芬几句，还流了眼泪。

侯芬在家很能干，里里外外一把手，自信果断，人缘不错。儿子说："我可不想像我爸那样窝囊！柔柔弱弱的女孩好，都听我的，反正我不找像你这样的。"

侯芬看到儿子这样说自己，有些生气；可是看到儿子伤心，就立刻表态："还是你自己处理吧，我不干涉，只是发表个人看法。不管你选谁，我都支持。"

看看，父母对孩子的择偶标准是不是影响很大？还有个例子：

某位女孩工作后，家里督促她谈朋友，可是介绍了几个都不成。妈

妈问她究竟想找个什么样的。她说："不管谁，反正不找我爸这样的。脾气那么暴，还好吃懒做。只有你能忍受得了，他这么爱喝酒，总是喝得酩酊大醉，这样的人我可忍受不了。"

父母的婚姻状态对孩子的择偶观确实有着极大的影响力。如果家里总是吵吵闹闹，孩子的性格中就会少了平和；恩爱的家庭，孩子的情感才会细腻。他们会从父母身上学会关心他人、关爱他人。

其实，父亲和母亲比较起来，父亲形象对女儿择偶标准的影响更大。调查显示，40% 的女孩和异性交往的能力与父亲有关。母女的亲密关系会带给女孩满足的情感体验和支持，父女关系则会让女孩初步懂得怎样与异性相处、如何维持同异性间的关系。比如：

爸爸非常守时，不管做任何事，都会按时间表来做，稍有出入就会着急。跟人约时间，一般都会清楚地说明具体数字，比如"我过半小时回家"，一定是半小时。可是，如果从妈妈嘴里说出来，就变成了："我过一会儿就到。"这个"一会儿"就不好说了，你得追问："多大一会儿？"受爸爸影响，女儿做事的时候时间观念也很强。

学员张丽长得很漂亮，属于那种只要看一眼就还想再看的女孩。

她的父母都是小学老师，父亲长得高大威猛，比较专制；母亲在家唯唯诺诺。父亲不太重视自己的小家庭，而是重视爷爷奶奶的大家庭，依赖爷爷奶奶。父亲有时甚至像个没长大的孩子，任性霸道，喜欢发脾气，母亲经常受气。母亲便将怨气发泄到女儿身上，跟祥林嫂似的。张丽跟妈妈的关系好一点，跟爸爸不亲，结婚后几乎复制了父母的婚姻。丈夫也跟原生大家庭保持着密切往来，不尊重她的感受，动不动就大发雷霆。张丽不敢反抗，实在受不了了才大吵一顿，平时有怨气都忍在心里，心态抑郁。

每次到朋友家来，都要冲朋友倒几个小时的"垃圾"，一来二去，朋友就不敢邀请她来家里玩了，受不了她的祥林嫂腔调。女儿也跟张丽一模一样的腔调：抱怨爸爸，觉得妈妈可怜。

有一天，朋友告诉她：她们家三代女性都陷入到负面循环，不能再让女儿重蹈自己的覆辙。她听了朋友的话，如梦方醒。

父亲带给女儿的，最重要的是他对女性发自内心的平等尊重：发自内心地尊重妻子、欣赏女儿、主动承认自己的局限。这会带给女儿一生的独立自主与自信。

所谓的好孩子背后都有好父母

孩子都是父母的镜子，通过孩子，我们完全可以看到父母的为人处世哲学和做人准则。虽然父母不一定会做得尽善尽美，但也要努力在一点一滴的小事上给孩子带来有益的影响。

有人说：家庭是人生的第一课堂，父母是孩子人生的第一任教师。也有人说：家庭是孩子的一面旗帜，父母是孩子的一面镜子……无论怎样，父母都是对孩子影响最远、最深的人，是孩子模仿最早、最多的形象。

孩子从一出生，就在父母的怀抱里成长，父母不仅会遗传给子女生理基因优势，还会塑造孩子的人格品质。孩子从混沌初开，到学会用自己的眼光看世界，都离不开父母的言传身教。

为人父母者要想教育好自己的孩子，就要从自己日常生活的一言一行做起，因为所谓的好孩子背后都有好父母。有这样一个故事：

母亲和女儿到一个地方办事，走到大厅时，电梯正好落到他们这一层。母女俩加快脚步，想赶上这趟电梯。就在她们即将走进电梯时，从后面走过来一位老奶奶。看到老人，母亲向后退了一下，请老奶奶先进了电梯。不凑巧，老奶奶走进电梯后，电梯刚好满员。母女俩只好站在一旁，等下一部电梯。

母女俩办完事情后还得乘电梯，这次人很少，只有母女俩和一位老爷爷。电梯到达后，门开了，站在门口的女儿向后退了一步，说：“老爷爷，您先请。”老爷爷说：“孩子，你先出吧，我走得慢。”可是，女儿仍坚持让老爷爷先走出电梯。

出了电梯，母亲问她：“你为什么要让老爷爷先走出电梯？”女儿回答说：“是你刚才教我的呀！”

婴儿从呱呱坠地到牙牙学语，从贴地爬行到蹒跚学步，从懵懂无知到渐懂人事……父母的言行每时每刻都会对他们造成影响。如果父母温文尔雅，孩子也不会差；如果父母爱睡懒觉，那么孩子也不会早早起床。

今天，很多父母都为了孩子绞尽脑汁，为教育好自己的孩子付出千辛万苦。可是，孩子却离自己期望的目标越来越远。自己付出了这么多，有些孩子甚至还被教成了“问题孩子”。于是，痛苦、困惑、茫然一直困扰着父母们。须知，父母的言行举止，对待孩子的态度、模式等都会影响孩子的性格、习惯和命运，最终对孩子的一生产生重大作用。

贺平是一个很听话的小女孩，很少让爸爸妈妈生气。爸妈很看重她的学习成绩，只要贺平考试成绩好了，他们就会很高兴，奖励贺平很多东西；但如果贺平考得不好，就会招来爸妈的一顿责骂。

偶然的一次，贺平妈在逛街时遇到了贺平的老师，在聊天中，她从老师口中得知了贺平上次拿回家给她看的那张成绩单是假的，贺平自己改了分数。贺平妈非常生气，一回到家就把贺平狠狠训斥了一顿。

她问贺平为什么要撒谎？贺平大哭着说：“我撒谎就是学你们的……有一次，你为了不去给奶奶买东西，就说自己身体不舒服，后来你就去逛街了。为什么你可以撒谎，我不可以？”

从这个事例中可以看出，贺平撒谎问题出在妈妈身上，她是模仿了妈妈的行为。孩子的模仿能力和可塑能力都非常强，父母在生活中经常撒谎，孩子自然也就学会撒谎。因此，孩子撒谎，很多时候，责任都在父母身上。

孔子曰：“其身正，不令而行；其身不正，虽令不从。”有什么样的父母，就会有什么样的孩子。父母的言行举止对孩子就是言传身教的过程，都起着直接的示范作用。因此，父母一定要成为孩子效仿的人格楷模，千万不要在孩子的心田里播下不良的种子。

家长要成为孩子崇拜的偶像

为了在孩子面前立威，有的家长会用言语和棍棒吓唬孩子。对于这一点，我非常不赞同，因为如果想真正让孩子听你的话，就要让孩子对你信任和佩服。孩子不佩服你，自然就不会信服。

有些孩子喜欢问东问西，有的家长总是回答不上来，或者语言粗暴地拒绝或置之不理……时间长了，孩子就会对家长产生一些看法，甚至认为家长什么都不懂。这时，家长如果再要求孩子做什么，孩子很有可能就会产生逆反心理：你都不会做，还问我？但如果家长在孩子眼里是“博学多才”，那情况就不一样了。

周锐的儿子从小就是个“十万个为什么”，小嘴一张开，千千万万个“为什么”就会蹦出来。

为了培养孩子的兴趣，周锐平时也是加紧学习，只要儿子一提问，他就会在头脑中快速搜寻答案，他大多都知道。再加上，周锐也很爱运动，很多东西都会玩，经常会让儿子惊叹，所以儿子从小就对周锐的话比较信任。

当然，除了让儿子“崇拜”以外，在教育孩子上周锐还很注意自己回家的形象。他从来都不会将工作中的不愉快带回家。儿子的情绪不受影响，生活环境宽松愉悦，性格发展良好。

很多人都听说过这样一个故事：

一对夫妻将年迈的父亲抬到深山里扔掉，回来后，孩子要将抬爷爷的担架保管好。母亲问他，有什么用？孩子回答说：“将来等你们年纪大了，我还要用它将你们抬到山里去。”这对夫妻羞愧难当，立即把父亲从深山里接了回来。

孩子一个微小的动作却显示了一个家庭教育的秘密：父母是孩子心中的偶像、学习的榜样，家庭教育，身教为先。父母要理解到深藏在偶像形象背后的含义：大多数孩子都会用各种方式来模仿最为崇拜的父母，父母的行为在很大程度上会左右孩子将来成长为一个什么样的人。

> 蓝女士是位单亲妈妈，带着13岁的女儿一起生活。
>
> 离婚后，蓝女士没有像其他单亲妈妈一样抱怨命运不公，而是以挫折为动力，带动女儿一起积极投身到志愿者队伍中来，用大爱滋润着那些要帮助的弱势群体。
>
> 经历了失败的婚姻后，蓝女士也消沉了一段时间。痛定思痛后，蓝女士决定和女儿共同成长，坚强面对生活，为女儿创造一个快乐氛围。
>
> 一个偶然的机会，蓝女士接触了公益活动。由于个人经济能力有限，蓝女士每次会捐赠200元至500元作为活动善款。看望帮扶对象时，如果遇到条件非常不好的，她也会忍不住悄悄地为他们塞上几百元，直至身上的现金全部捐完。在蓝女士潜移默化的影响下，女儿也对公益产生了兴趣。

父母是天然的教师，对孩子有着重要的影响。身教胜于言教，父母会用自己的行为影响孩子，用语言打动孩子，孩子会在“润物细无声”中茁壮成长。

通常在家庭中，乐观的父母，子女也不会阴郁；父母在单位是劳动模范、先进工作者，子女也会努力学习，热爱劳动；母亲事业有成，女儿更可能会梦想自己成为一个像妈妈一样的职业女性。反之，如果两口子整天都想着跳舞、打牌、打麻将，孩子则会迷恋于瞎闹、上网、看电视；父母爱说脏话，子女也不会说什么好听的；自己对父母恶言相加，孩子也会不尊重你；自己喜欢斤斤计较，孩子多半也是个喜欢挑剔的人……

不重视自己对孩子的影响力，无论你的“言教”多么动听，都不会入了孩子的耳。更可怕的是，在父母不良行为的影响下，孩子还会效仿一些不良行为；当孩子进入青春期后，这样的孩子更可能反叛父母、离家出走，甚至违法犯罪。

父母一定要牢记自己在孩子心目中的偶像身份并努力扮演好自己的偶像角色，少说多做，身教为先，言而有信。一定要记住：龙生龙，凤生凤，老鼠的儿子会打洞！想想看，你是想让自己的孩子成龙，成凤，还是成老鼠？一切都决定于你的偶像力。

父母的相处模式，孩子未来的参照

去年有段时间，我经常会在街心公园中遇到一个小男孩。男孩大概十岁的模样，每个周末都会在这里滑旱冰。每次来这里时，我都会选个位置坐下，静静地看着他。当然，为了不让孩子觉得尴尬，我也不敢直接盯着人家。

男孩每玩半个小时，就会到凳子上休息一会儿。由于休息的凳子集中在一处，因此我和他也就有了这样的邂逅。渐渐地我们聊天的话语多了起来，在我的引导下，他聊到了自己的家庭。

他们家有一儿一女，爸爸在政府部门工作，妈妈在公司做会计。他是哥哥。爸爸从小就告诉他们两个，妈妈是家里最重要的人，后面的顺序是妹妹，然后是他，最后是爸爸。

妈妈则告诉妹妹，爸爸是家里最重要的人，之后是哥哥，然后是妹妹，最后是妈妈。

从这里，我看到男孩的爸爸妈妈都很爱对方，在他身上我还看到一种幸福的能力。

孩子的性格成长离不开家庭的影响，父母的相处模式完全就是孩子未来的参考。不同的夫妻相处模式，会培养出不同性格的孩子。要想养育出心理健康、快乐、阳光的孩子，就必须注意夫妻间的相处之道。

假期里，妈妈带着儿子和姥姥一起逛街，中午时间到超市旁的快餐店凑合吃一顿。旁边坐了一家四口，儿女双全，真是幸福！姥姥感慨着。可是，这个时候，却发生了不和谐的一幕：

这一家四口是推着超市购物车直接进来的，购物车大模大样地挡在过道里，路过的人来回碰，很不方便。服务员看到这个情景，过来赔着笑脸提醒了几句，让他们将东西往里边推推，免得影响了他人走路。哪知道，女人放下手中的手机，不耐烦地说："一车东西，你让我放哪里？吃完我们就走，你忙你的去吧。"

十几分钟后，男人点餐回来。俩孩子看了一眼，就开始哼哼唧唧闹腾，一会儿摔筷子，一会儿扔勺子。两个大人就像是没看到一样，只顾着吃自己的，偶尔抬头喊一声："老实点，不吃快滚！"男孩看到没人理自己，生气地坐在那里，突然，他站起来，脱下裤子，对着过道就撒尿。

周围的人一脸嫌弃地看着这一家四口。女人可能也觉得挺丢人，冲着儿子的屁股打了一巴掌，转脸对着男人吼："吃什么吃？不能看着孩子？别吃了，走！"

一家四口一边吵一边闹，推推搡搡地离开了餐厅。服务员一脸无奈地拿来拖把，清理着满地的尿渍……

生活中，我们经常会看到这类喜欢闹腾的孩子，无论在车站、医院，还是餐厅。同样的情景，为何别人家的孩子就很乖，而自己的孩子就这样？阅读大量资料之后我发现，在这些孩子的背后往往都有一对相互指责、相互抱怨的父母。

孩子的成长自古以来都不是他一个人的事情，他们的成长是"有样学样"。父母的相处模式，是孩子最早接触的人际模式，父母之间如何对待彼此，孩子就学着如何跟别人相处。

1. 夫妻恩爱，孩子的性格就会健康开朗

爸妈恩爱、夫妻关系和睦，能给孩子营造一个良好的家庭环境，孩子的性格也会更加平和、开朗、阳光。由于父母关系很好，孩子长大后也会对婚姻产生美好的感觉和向往。

2. 夫妻爱吵架，孩子就会热衷暴力、脾气暴躁

父母吵架是婚姻中的常事，但对孩子而言，却是天塌下来了。他们都想看到恩爱的父母，而不是家里整天战火连天，否则他们的安全感会受到很大冲击。同时，如果夫妻爱吵架，孩子耳濡目染，也会变得喜欢暴力、脾气暴躁，喜欢大吼大叫。

3. 夫妻离异，孩子就会变得冷漠、毫无安全感

有些夫妻过不到一块，最后选择离婚。于是，获得抚养权的一方，就会整天给孩子唠叨对方的不是；或者心情压抑，无理取闹，冲孩子乱发脾气。离婚，可以让男女从不幸婚姻中解脱出来，但却无法平复孩子的内心创伤。在“半个家”中，他们会忧心忡忡，会没有安全感，会感到恐惧害怕……离异家庭生长起来的孩子，更易引起焦虑、抑郁、敌对等心理障碍。

4. 夫妻相互指责，孩子也就会异常敏感、性格执拗

夫妻之间经常相互指责，会严重影响孩子的处世方式。有时候，战火激烈，从一方嘴里说出来的都是另一方的不是。被另一半贬得一文不值的一方，在后面的生活中，往往得不到孩子的尊重。一方攻击另一方，想借此让孩子对另一方不满，最后带给孩子的只是伤害。

5. 夫妻感情淡薄，孩子就会变得更加任性自私

夫妻感情淡薄，两人仅仅是通过孩子来交流或维系家庭。在这种关系下，夫妻俩就会将注意力集中在孩子身上，对孩子保护过度，孩子就会变得任性和自私。

6. 强势妈，懦弱爸，男孩就会更加胆小懦弱

有些父亲性格软弱，母亲在家里一手遮天。可是，孩子总会认同同性父母一方，女儿会认同强悍的母亲，时间长了，就会变成“女汉子”；儿子会认同懦弱的父亲，时间长了，也会变得懦弱、自卑。

有爱的家，才能代代传承

相信，很多人都在电视上看到过这样一则公益广告：

妈妈给自己的母亲洗脚，并且告诉老人这样对身体有好处。孩子看在眼里，正当妈妈准备叫孩子洗脚时，孩子却端着洗脚水向她走来，边走边说："妈妈，洗脚！"

对于家庭的代代相传中，爱是不可或缺的。

"爱"是中华民族的传统美德，亲情是众多情感中最为重要、不可缺失的一种情感。是否爱父母，不仅体现了孩子对父母是否关心，更代表了孩子是否会关心他人。

可是，这种美德在一些孩子身上却很少表现：吃过饭后，孩子扭头去看动画片，妈妈却在那里忙碌着收拾碗筷；爸爸买了水果，总是先让孩子品尝，孩子却很少请爸爸先吃；孩子生病，爸爸妈妈忙前忙后，而爸爸妈妈身体不适，孩子却很少问候……

为什么会出现这种情况？有爱的家，才能世代传承；忽视了爱，即使你做得再多，也是无益于孩子的成长。

周美的婆婆去世得早，公公一个人将儿子拉扯大。到了结婚的年龄，公公忙着给儿子找对象，最后他们相中了周美，因为她对待公公非常好，每次来都要给老人买一堆东西。

其实，周美是个比较势利的人，眼高手低。她之所以要讨好未来的

公公、要跟丈夫结婚，主要是相中了他们家一百五十平方米的大房子。结婚之后，公公将房子过户到了丈夫名下，之后周美便对公公不再那么热心了。

一天，7岁的儿子放学回来，看到周美正在打扫家里的储物间，便过来帮忙。周美说：“收拾得差不多了，是给你爷爷住的，不用收拾得那么干净。”

儿子听了问：“为什么要让爷爷住这里，这里这么小？”周美回答说：“这里安静。老人需要安静。”儿子听了，抱住周美的脖子说：“妈妈，你对爷爷真好。”很快，爷爷便搬到了储物间。虽然丈夫很不满，可他是个“妻管严”，只能由着周美做。

就这样，一个月过去了。那天，周美带着儿子到同学家串门，正好遇到了同学的婆婆。老人给他们拿出水果后，便跟周美寒暄。儿子看到老人从大房间出来，问：“奶奶，那是你的房间？”老人点点头。

儿子接着说：“奶奶，你的房间好大！”老人说：“其实我一个人根本就用不了这么大的地儿，只不过儿子儿媳说，这里向阳，还有个阳台，可以晒太阳，对身体好。”

儿子问：“这里不吵吗？”老人说：“不吵啊！而且，整天憋在屋里也难受，站在窗户这里向外望望，还能开阔视野呢。”

儿子撇撇嘴：“我爷爷住的地方很小，只能放进一张床，外加一个床头柜。”老人问：“你家是不是空间小？”

儿子说：“好像一百五十平方米。”

听到这里，周美的脸上一阵红一阵白，再也坐不住了。

孩子的模仿力与观察力都很强，父母用怎样的态度对待长辈，孩子就会以怎样的态度来对待长辈。因此，如果想让孩子有爱心，就要做个有爱心的家长。

星期天，爸爸带着儿子出门买了两个西瓜。之后，就一起去了姥姥家。

爸爸从后备厢中取出个大的西瓜，留给老人，然后带着儿子往家走。

儿子问他："爸爸，怎么不将那个小西瓜给姥姥？他们人少，吃不了。"

爸爸说："那个西瓜比咱们的这个好。这可是经验。先让他们吃大，你想吃大的了，我再给你买。"

在我们家有一个爱心传递的活动：就是第一个刷完牙的人要给第二个刷牙的人挤牙膏。之前我给女儿挤过几回，后来女儿学会了，每一次刷完牙后都要给我或是她爸爸挤上牙膏，并且还监督谁做得不到位，慢慢地她在做什么事上都惦记着我和爱人。记得父亲曾经跟我说："闺女，你记着，老猫房上睡，一辈留一辈。"是的，我记住了。

每个家庭都需要爱，而爱是需要一代代传承的。家庭生活，除了孩子，还有老人，你对待老人的态度，也会一点点投射到孩子身上。如果想让孩子将爱的力量传递下去，首先就要在三代人中间保留爱的种子。